Peter v H

Corinna Gleide · Ralf Gleide

DIE ERNEUERUNG DER STERNENWEISHEIT

Zur Verbindung von Denken und übersinnlicher Wahrnehmung

VERLAG AM GOETHEANUM

Einbandgestaltung von Gabriela de Carvalho

Satz: Heiko Hanekop
Druck und Bindung: Freiburger Graphische Betriebe

ISBN 3-7235-1119-8

Inhalt

Vorwort 7

1. Der Verzicht auf die Sternenweisheit 11
1.1 Platonismus und Aristotelismus 11
1.2 Wolfram von Eschenbach 18
1.3 Der Verzicht der Rosenkreuzer 20

2. Die neue Verbindung von Gedanke und übersinnlicher Wirklichkeit 23

3. Mikrokosmos und Makrokosmos 27
3.1 Das menschliche Ich 27
3.2 Der alte Saturn 31
3.3 Die alte Sonne 35
3.4 Der alte Mond 38
3.5 Saturn-, Sonnen- und Mondprozesse als Urbilder des Wollens, Fühlens und Denkens 41

4. Menschen-Ich und Welten-Ich 45
4.1 Die Entstehung des Ich 45
4.2 Die Welt der Vorsehung (die Urbilderwelt) 47
4.3 Der Sündenfall 50
4.4 Die atlantischen Mysterien 53
4.5 Das Leben der Christus-Wesenheit 57
4.6 Die Himmelfahrt 61

5. Das Studium der Anthroposophie 65
5.1 Die «Christusförmigkeit» der «Geheimwissenschaft im Umriß» 65
5.2 Aktivierung des Denkens 69
5.3 Die Vertiefung des anthroposophischen Studiums im Fühlen 71
5.4 Die Verankerung des anthroposophischen Studiums im Willen und der Gral 74

Der Weg von der «Geheimwissenschaft im Umriß» zur Grundsteinlegung 1923/24 77

Anmerkungen 83
Literatur 87

Vorwort

Die Urweisheit der Menschheit, das allen alten Kulturen eigene Wissen um geistige Wirklichkeiten, ist in dem Denken von Plato und Aristoteles zu begrifflicher Form geronnen. Die Ideen von Plato und Aristoteles waren ein letzter, feiner Extrakt aus der Fülle der vorchristlichen Mysterienweisheit. Solange diese Ideen für die allgemeine Bildung noch Bedeutung hatten, war ein ideeller Abglanz des geistigen Wesens des Menschen in unserer Kultur enthalten. Die Naturwissenschaft des 19. und 20. Jahrhunderts hat mit einer gewissen inneren Konsequenz auf die Anwendung dieser Begriffe verzichtet. Denn sie kann mit ihren ausschließlich auf das sinnlich Wahrnehmbare gerichteten Methoden das Gebiet der Wirklichkeit nicht finden, auf das sich diese Ideen beziehen. So ist heute eine wissenschaftliche Bildung über die ganze Erde verbreitet, in deren Begriffen das geistige Wesen des Menschen nicht vorkommt. Der Beginn des 21. Jahrhunderts zeigt mit aller Deutlichkeit, daß die wichtigsten praktischen Probleme des menschlichen Lebens, beispielsweise die Fragen nach den Grundlagen eines gelingenden Zusammenlebens von Menschen unterschiedlicher Abstammung und Herkunft, eines am Wohl des Menschen orientierten Wirtschaftens, Fragen der Gesundheit von Erde und Mensch, eines artgerechten Umgangs mit Tieren und Pflanzen, der Problematik von Alter und Tod, oder die Frage nach dem menschengemäßen Umgang mit Konzeption und Geburt, mit einem Wissen, das sich solcherart selbst begrenzt, weder ganz zu durchschauen noch zu lösen sind. Nur durch einen geistigen Neuanfang, eine Spiritualisierung des Denkens, kann der Einzelne sich im heutigen Leben orientieren und seinem Handeln einen befriedigenden Sinn geben.

Die Suche nach einem zeitgemäßen Weg, mit Hilfe des reinen Denkens zu einer authentischen Beziehung zum geistigen Wesen des Menschen und der Wirklichkeit der höheren Hierarchien vorzudringen, bildete für uns den Leitfaden für die in diesem Buch erarbeitete Thematik. Unsere Hauptfrage war: Läßt sich das Studium der Anthroposophie so betreiben, daß die konkreten Wesen und Vorgänge, von denen Rudolf Steiner spricht, durch Verlebendigung des Denkens allmählich selbständig erlebt und angeschaut werden können? Wenn es aber einen vom reinen Denken ausgehenden Weg zu diesem Ziel gibt, wie sieht er aus, und wodurch ist er möglich geworden? Diese Fragen leiteten eine mehrjährige, gemeinsame wissenschaftliche Forschungsarbeit zum Werk Rudolf Steiners, insbesondere der Grundwerke «Theosophie» und «Die Geheimwissenschaft im Umriß». Dabei zeigte sich bald, daß die aufgeworfenen Fragen dazu nötigen, die Methode des wissenschaftlichen Forschens erheblich zu erweitern. Denn diese Fragen können nur *praktisch* beantwortet werden, indem man den gesuchten Weg selbst beschreitet und die Konsequenzen, die sich daraus für das eigene Leben ergeben, nicht scheut.

In diesem Buch versuchen wir, auf ein Potential aufmerksam zu machen, das mit der Anthroposophie verbunden ist. Der entscheidende Punkt ist, daß man durch die gedankliche Arbeit an den Büchern und Vorträgen Rudolf Steiners nicht nur ein Wissen über höhere Welten erwirbt, sondern daß man sich eigene gedanklich-übersinnliche Anschauungen dessen erarbeiten kann, wovon in diesen Büchern die Rede ist. Ideen, die sonst bloß als Überlieferung vorliegen, erhalten durch diese Anschauung eine empirische Grundlage und eine innere Authentizität. Man beginnt das ganze Leben anders anzuschauen. Eine neue Sternenweisheit wird in einem selbst geboren. Dazu ist ein gewisser Überblick, eine selbständige Anordnung des Stoffes und ein hohes Maß an begrifflicher Disziplin und Übung notwendig.

Dieser Weg des Studiums, auf dem die geistige Wirklichkeit des Menschen und anderer geistigen Wesenheiten für das Denken aufhört eine Äußerlichkeit zu sein, beruht außerdem darauf, daß Gefühl und Wille des Menschen in den Erkenntnisprozeß miteinbezogen werden. Die in den Ideen der Anthroposophie enthaltenen kosmischen Imaginationen können sich, wenn man liebevolle Hingabe an die Ideen entwickelt, mit dem gereinigten Denken und Fühlen verbinden. Sie werden dadurch zu eigenen übersinnlichen Anschauungen. Wir stellen in diesem Buch das Studium nicht von außen dar, sondern schildern die Ideen so, wie sie für uns zur Anschauung geworden sind. In der allgemeinen Ideenform der Darstellung kommen ausschließlich individuelle Gedankenerlebnisse zum Ausdruck.

Für uns selbst ist die Ausgangsfrage unserer Arbeit erst dadurch vollständig beantwortbar geworden, daß wir uns um ein Verständnis des esoterisch-sozialen Charakters der Weihnachtstagung und ihres Stellenwertes im Lebensgang Rudolf Steiners bemüht haben. Von diesem Ereignis geht eine geistige Kraft aus, welche die Geburt einer neuen Mysterienweisheit in jedem Menschen anregt und fördert.

Auf dem Weg des Studiums der Geisteswissenschaft wird auch deutlich, welches die geistesgeschichtlichen Voraussetzungen sind, welche diesem Weg den Boden bereitet und ihn selbst erst ermöglicht haben. In den folgenden Darstellungen ist versucht worden, einige wichtige Aspekte der Beziehung der Menschheitsgeschichte zur Christus-Wesenheit und zur Wesenheit des Erzengels Michael so hervorzuheben, daß die Situation, in der sich das heutige Denken befindet, dadurch nachvollziehbar und in bezug auf die in ihr enthaltenen Chancen und Entwicklungsmöglichkeiten aufgehellt wird. Dies geschieht im wesentlichen in Anknüpfung an das grundlegende Buch Rudolf Steiners «Die Geheimwissenschaft im Umriß», dessen Inhalt durch zahlreiche Ausführungen Rudolf Steiners an anderen Orten ergänzt und in den geschilderten Zusammenhang gestellt wird.

Die vorliegende Arbeit dokumentiert einen Teil unseres eigenen geistigen Werdeganges. Wir verstehen sie als ein Beispiel dafür, wie eine selbständige Erarbeitung der Grundlagen der Anthroposophie heute aussehen kann. Vielleicht kann sie für Menschen, die ebenfalls eine Verbindung ihres Denkens mit der geistigen Welt suchen, eine Hilfe oder eine Anregung zur Auseinandersetzung sein.

Corinna Gleide
Ralf Gleide

1. DER VERZICHT AUF DIE STERNENWEISHEIT

1.1 Platonismus und Aristotelismus

Plato (427–347 v. Chr.) und Aristoteles (384–322 v. Chr.) haben der abendländischen Wissenschaft, Philosophie und Theologie ein einzigartiges begriffliches Instrumentarium zum Verständnis der geistigen Grundlagen der Wirklichkeit geschaffen, das sich bis weit in die Neuzeit hinein als außerordentlich tragfähig erwiesen hat. Insbesondere Aristoteles hat durch seine Begriffe «Substanz», «Form», «Materie», «Potentialität» und «Aktualität» sowie durch seine Lehre von den vier Ursachen präzisere begriffliche Unterscheidungen und Einsichten in bezug auf nichtsinnliche Wirklichkeiten ermöglicht, als sie jemals zuvor in der Wissenschaft existierten. Aristoteles kam mit achtzehn Jahren als Schüler an die von Plato geleitete Akademie in Athen und blieb dort zwanzig Jahre lang bis zu dessen Tod. Obwohl sein Denken auf den von Plato gelegten Grundlagen aufbaut, trat er doch an einzelnen Punkten in Widerspruch zu seinem Lehrer. Insbesondere an der von Plato gelehrten Abgelöstheit der Urbilder von den konkreten Einzeldingen übte er vielfach Kritik. Für Aristoteles waren die Ideen nicht von der konkreten Substanz der Einzeldinge trennbar. Form und Materie bildeten für ihn eine zusammengehörige Einheit. Plato hingegen stand noch unter dem Einfluß der vorchristlichen Mysterienweisheit, für welche die kosmischen Urbilder noch nicht mit der Erde verbunden waren. Dieser an bestimmten Stellen entstehende Gegensatz zwischen Plato und Aristoteles war eine geistesgeschichtliche Weichenstellung von weitreichender Auswirkung.

Rudolf Steiner hat in seinen Vorträgen über «Mysteriengestaltungen»[1] aus dem Weltgedächtnis der Akasha-Chronik ein Gespräch zwischen Plato und Aristoteles wiedergegeben, das einen aufschlußreichen Einblick in die geistige Beziehung zwischen beiden ermöglicht: «Als das vierte Jahrhundert herankam in der griechischen Kulturentwickelung, da spielte sich der erste Umschwung zu dem Abstraktwerden hin ab. Und er spielte sich so ab, daß zwischen Plato und Aristoteles, als Plato schon im höchsten Alter war, als Plato eigentlich am Ende seiner Laufbahn war, daß zwischen Plato und Aristoteles folgende Szene stattfand. Plato sagte – ich muß das in Worte kleiden, was natürlich in viel komplizierterer Weise sich abgespielt hat – etwa das Folgende zu Aristoteles: Dir hat manches nicht so richtig geschienen, wie es von mir dir und den anderen Schülern vorgetragen worden ist. Was von mir dir und den anderen Schülern vorgetragen worden ist, ist aber schließlich der Extrakt uralt heiliger Mysterienweisheit. Aber die Menschen werden im Laufe ihrer Entwickelung eine Form, eine Gestalt, eine innere Organisation annehmen, die sie nach und nach zu etwas allerdings Höherem führen wird, als wir jetzt haben im Menschen, die aber unmöglich macht, daß der Mensch entgegennimmt dasjenige, was Naturwissenschaft, in der Art, wie ich es heute geschildert habe, bei den Griechen war. – Das machte Plato dem Aristoteles klar. – Und deshalb will ich mich eine Zeitlang zurückziehen, sagte Plato, und dich dir selbst überlassen. Versuche in der Gedankenwelt, für die du besonders veranlagt bist, und die die Gedankenwelt der Menschen durch viele Jahrhunderte werden soll, versuche in Gedanken auszubilden, was du hier in meiner Schule aufgenommen hast.

Aristoteles und Plato blieben getrennt, und Plato führte damit einen hohen geistigen Auftrag gerade durch Aristoteles aus.»

Während es in der Philosophiegeschichtsschreibung üblich ist, den späteren Gegensatz zwischen der Geistesart Platos und der des Aristoteles zu betonen, entsteht in der Darstellung Rudolf Steiners das Bild eines tieferen Sinnes, der mit diesem Gegensatz verbunden ist. Hinter dem Gegensatz verbirgt sich eine Art von Zusammenarbeit, eine gemeinsame Zielsetzung. Diese besondere Art der Verbindung wird dadurch ermöglicht, daß Platon sich «eine Zeitlang zurückzieht» und Aristoteles «sich selbst überläßt». Diese bemerkenswerte Weise des Zusammenwirkens beruht also auf einem Verzicht Platos auf weitere äußere Einflußnahme auf seinen Schüler. «Aristoteles und Plato blieben getrennt, und Plato führte damit einen hohen geistigen Auftrag gerade durch Aristoteles aus.»

Man kann diesen «hohen geistigen Auftrag», den Plato durch Aristoteles ausführte, dann besser verstehen, wenn man in Betracht zieht, daß ungefähr dreieinhalb Jahrhunderte nach Plato und Aristoteles durch die Menschwerdung des Christus-Wesens der entscheidende Umschwung in der gesamten geistigen Entwicklung der Menschheit stattfand. Seit diesem Zeitpunkt kann das Göttliche im Inneren jedes einzelnen auf der Erde lebenden Menschen gefunden werden. Im Hintergrund des Zusammenwirkens von Plato und Aristoteles stand die das Christus-Ereignis vorbereitende damalige Erzengelregentschaft Michaels. Diese Wesenheit befruchtet im zeitlichen Wechsel mit sechs weiteren Erzengelwesen die historische Entwicklung und impulsierte vom siebenten bis zum dritten vorchristlichen Jahrhundert die geistig-kulturelle Entwicklung.

Michael vermittelte der Menschheit seit urvergangenen Zeiten aus den Kräften der Sonne den Zusammenhang mit der Intelligenz der höheren Hierarchien. Er ist der Verwalter der kosmischen Intelligenz in bezug auf das menschliche Denken. Von Anfang der Menschheitsgeschichte an aber war es sein Bestreben gewesen, der Menschheit, die selbst ursprünglich noch ein Teil des Götterhandelns gewesen war[2], schrittweise zu immer größerer Selbständigkeit zu verhelfen. In das Innere jeder menschlichen Individualität sollte einmal die gesamte kosmische Intelligenz hineinkonzentriert werden. Hier soll sie der Mensch in Zukunft mit dem Christus-Impuls in seinem Innern verbinden. Damit dies geschehen kann, mußte sich die Menschheit zunächst immer mehr von ihrem naturgegebenen Ursprung in den göttlich-geistigen Wesenheiten emanzipieren und sich der äußeren Sinneswelt und dem abstrakt-begrifflichen Denken zuwenden. Die Geschichte der nachatlantischen Zeit mit ihren aufeinanderfolgenden Kulturepochen dokumentiert diese Emanzipation.

Die Einsicht in dieses Entwicklungsgesetz war es, die Platon zum Verzicht auf das Fortleben der alten Form des Mysterienwissens, einschließlich des von Imaginationen und Inspirationen durchdrungenen Denkens und Wahrnehmens, wie es noch im alten Orient bestanden hatte, veranlaßte. Aristoteles war in der Lage, das Wissen, das er in der Schule Platons aufgenommen hatte, in die Form reiner, mit dem physischen Gehirn gedachter Begriffe zu bringen und diese Begriffe viel konkreter, als sein Lehrer das vermochte, auf die Einzelheiten der sinnlichen Welt zu beziehen.

Außerdem lehrte er seinen Schüler Alexander ein wahrnehmendes Naturerkennen, das noch stark von Imaginationen und Inspirationen erfüllt war. Diese Naturerkenntnis nahm Alexander auf seine Eroberungszüge in den Orient mit, wo er auf ihrer Grundlage zahlreiche Schulen begründete. Dieser Impuls des Aristoteles lebte überlieferungsgeschichtlich auf einem besonderen Weg weiter. Für das Abendland war es aber vor allem der Impuls des abstrakten Denkens, der die Kultur- und Geistesentwicklung prägte. Dieser Impuls förderte das Selbständigwerden des menschlichen Denkens, das in der Zukunft eintreten sollte, um der Menschheit die Möglichkeit der inneren Freiheit und einer inneren Beziehung zu Christus auf der Grundlage des individuellen Denkens zu bringen.

In Rudolf Steiners Darstellungen aus dem Jahre 1924 über die Geistesströmungen der Platoniker und der Aristoteliker im Mittelalter tritt das skizzierte Verhältnis auf fortgeschrittener Stufe wiederum deutlich hervor. Er unterscheidet zwischen Repräsentanten der mittelalterlichen Bildung, die im 12. Jahrhundert das Christentum mit einer Geistesverfassung vertraten, die der des Plato ähnlich war, und solchen, deren Geist eine mehr aristotelische Grundprägung hatte. Letztere traten besonders im 13. Jahrhundert in den Vordergrund. Als Vertreter der platonischen Strömung nennt Steiner beispielsweise Joachim von Fiore, Brunetto Latini sowie zahlreiche Vertreter der Schule von Chartres. Die aristotelische Strömung sieht Steiner hauptsächlich im Aufbau der Scholastik durch Vertreter des Dominikaner-Ordens, vor allem durch Thomas von Aquin, repräsentiert. Er erläutert die Bildungsprozesse, die in früheren Leben zu den unterschiedlichen geistigen Prägungen beider Gruppen geführt haben, und deutet an, welcher historische Sinn mit diesen Prägungen verbunden ist: «So waren also zwei Strömungen namentlich da. Einmal jene Strömung, die direkt hervorgeht aus den ketzerischen Bewegungen der ersten Jahrhunderte des Christentums. Diese Seelen waren noch durch das angeregt, was im alten griechischen Platonismus lebte. Sie waren so angeregt, daß, wenn durch die Mitteilungen aus den alten Zeiten der innere seelische Durchbruch kam, sie immerhin, wie eben unter einer zwar schwachen, aber doch vorhandenen Inspiration, hineinschauen konnten in das Herabsteigen und in das Wirken des Christus auf Erden. Es war die platonische Strömung. Die andere Strömung war zu etwas anderem ausersehen. Ihr gehörten namentlich diejenigen Seelen an, die ihre letzte maßgebliche Inkarnation in der vorchristlichen Zeit durchgemacht hatten und damals das Christentum als etwas Künftiges angeschaut hatten. Es war das die Strömung, die den Intellekt vorzubereiten hatte für dasjenige Zeitalter, das ich immer bezeichnet habe als in der ersten Hälfte des 15. Jahrhunderts beginnend. Da sollte das Zeitalter der Bewußtseinsseele heraufkommen, das Zeitalter, in welchem der menschliche Intellekt ausgebildet werden sollte. Das war im Gegensatz zu den Platonikern – aber in harmonischem Gegensatz zu ihnen – vorbereitet durch die Aristoteliker.»[3]

Dieser «harmonische Gegensatz» beider Strömungen war dadurch möglich, daß ihre Hauptvertreter, ähnlich wie seinerzeit Plato, mit den spezifischen Entwicklungsnotwendigkeiten der heraufziehenden Bewußtseinsseelenepoche gut vertraut waren. Rudolf Steiners Forschungen weisen darauf hin, daß zahlreiche Repräsentanten der mittelalterlichen Wissenschaft und Theologie ein verborgenes Wissen über weitgedehnte geistesgeschichtliche Entwicklungszusammenhänge besaßen. Als beispielhaft dafür können die folgenden, von Rudolf Steiner aus der Akasha-Chronik mitgeteilten Worte des Alanus ab Insulis, eines Repräsentanten der platonischen Strömung im 12. Jahrhundert, gelten, durch welche auch das Verständnis der oben wiedergegebenen Worte Platos im Gespräch mit Aristoteles weiter vertieft werden kann: «Da sagte Alanus ab Insulis zu einem engen Kreise seiner eingeweihten Schüler: Wir schauen heute die Welt so an, daß wir noch die Mittelpunktstellung der Erde erkennen, daß wir von der Erde aus alles beurteilen. Wenn man mit dieser irdischen Anschauung, die uns zu unseren Bildern, zu unseren Imaginationen befähigt, die folgenden Jahrhunderte allein befruchten würde, dann würde die Menschheit nicht fortschreiten können. Wir müssen ein Bündnis eingehen mit den Aristotelikern, die in die Menschheit den Intellekt hereinbringen, der dann spiritualisiert werden soll und im 20. Jahrhundert in einer neuen spirituellen Weise unter den Menschen aufleuchten soll [...] denn alles das muß zuerst fort, was wir mit unseren Imaginationen vertreten, so sagte Alanus ab Insulis; das muß fort, und gewissermaßen ganz abstrakt muß das Weltbild werden, fast nur wie ein Meilenzeiger auf einem Wege mit wunderbaren Denkmälern. Denn da wird in der geistigen Welt einer sein, der diesen Meilenzeiger, der für die Erneuerung der Welt nichts anderes haben wird als Richtung, nehmen wird, damit er dann, mit dem Intellektualismus zusammen, die neue Spiritualität begründen kann, einer, der nichts wird brauchen können als diesen Meilenzeiger. Das aber wird sein, wie Alanus ab Insulis sagte, Sankt Michael! Für ihn muß das Feld frei werden; er muß den Weg mit neuen Saaten besäen. Dazu muß nichts anderes da sein als Linie, mathematische Linie.»[4]

Vor diesem Hintergrund geschieht auch hier von seiten der Platoniker eine Art Verzicht auf das Weiterwirken im Sinne der alten Traditionen zugunsten der Vorbereitung der Bewußtseinsseelenentwicklung. «Ein solcher Mensch wie Alanus ab Insulis sagte sich: Wir, die Platoniker, müssen durch die Pforte des Todes gehen, wir können zunächst nur in der geistigen Welt leben. Wir müssen herabschauen aus der geistigen Welt und die physische Welt anderen überlassen, denjenigen, die in aristotelischer Weise den Intellekt ausbilden. Der muß jetzt fortgepflegt werden.»[5] In diesem Sinne bereiteten dann im 13. Jahrhundert die Dominikaner um Thomas von Aquin auf der Erde die Bewußtseinsseelenentwicklung vor. Die platonisch gearteten Seelen haben sich vor dem 20. Jahrhundert nicht mehr auf der Erde verkörpert.

Aristoteles war ein erster Geburtshelfer des reinen, von Imaginationen abgelösten Denkens gewesen, indem er die Mysterieninhalte zu streng begrifflichen Formen gerinnen ließ und auf die konkreten Gegenstände der Sinneswelt bezog. Jedoch erst in späteren Jahrhunderten entstand für den Menschen die Möglichkeit, die begriffliche Form vollständig von dem Bezug zur geistigen Welt zu isolieren und für sich zu gebrauchen. Dies wurde ermöglicht, indem die Michael-Wesenheit nach dem Eintritt des Mysteriums von Golgatha um der menschlichen Freiheit willen darauf verzichtete, die kosmische Intelligenz weiterhin von der geistigen Welt aus zu verwalten. Sie entfiel seiner Herrschaft und befindet sich seit dem 9. Jahrhundert mehr oder weniger in den Händen der individuellen Menschen.[6] So war das Denken nicht länger ein letztlich aus dem Kosmos inspirierter und gelenkter Vorgang, sondern entwickelte sich von nun an vollständig zum Eigendenken. Es wurde zur Grundlage des modernen Selbstbewußtseins und Individualismus. Damit war der entscheidende Schritt in der Emanzipation des Menschen von der geistigen Welt und ihren Wesenheiten eingetreten.

Für die Ausbildung des Eigendenkens kam der Wirksamkeit der Aristoteliker um Thomas von Aquin eine Schlüsselstellung in der frühneuzeitlichen Geistesgeschichte zu, während sich die Platoniker gleichzeitig zurückgezogen hatten. Das «Bündnis», das die Platoniker mit den Aristotelikern eingegangen waren, beruhte wiederum auf dem Verzicht auf die althergebrachte Geistesart und auf der klaren Einsicht, daß Michael für eine erneute Spiritualisierung des menschlichen Denkens in der Zukunft nichts anderes als mathematische Linie, das heißt die an der modernen Naturwissenschaft geschärfte Begrifflichkeit, würde brauchen können.

Der zweite von Aristoteles impulsierte Strom hingegen, derjenige der wahrnehmenden Naturerkenntnis, lebte im Mittelalter in mehr verborgener Art weiter in der Alchemie und im Rosenkreuzertum sowie in der frühen Neuzeit in Menschen wie Paracelsus, Valentin Weigel und Jakob Böhme. Rudolf Steiner spricht von einer «Warte-Aufgabe» dieses Impulses, weil es zunächst notwendig war, daß die aus der Aristotelischen Logik hervorgehende Denkkultur die Oberhand bekam.[7]

1.2 Wolfram von Eschenbach

Das Motiv des zu Beginn der Neuzeit notwendigen Verzichtes auf die frühere Form der Verbindung des Denkens und Wahrnehmens mit dem Kosmos spielt in vielen Vorträgen, die Rudolf Steiner während der Weihnachtstagung und im Jahre 1924 hielt, eine wichtige Rolle. Immer wieder nähert sich Rudolf Steiner diesem Thema von verschiedenen historischen Ausgangspunkten.

Eine dramatische Ausprägung erhält diese geistesgeschichtliche Weichenstellung in dem am 18.7.1924 von Rudolf Steiner geschilderten Sängerwettstreit auf der Wartburg. Diese historisch nur teilweise zu belegende Auseinandersetzung wurde von Rudolf Steiner anhand der Akasha-Chronik rekonstruiert. Sie hat in dem «Urrätselspiel» (1239) einen frühen literarischen Ausdruck gefunden und wurde später unter anderem von Richard Wagner als Motiv für seine Oper «Tannhäuser» verwendet. Im Jahre 1206 stehen sich, Rudolf Steiner zufolge, Wolfram von Eschenbach und der von Heinrich von Ofterdingen zu Hilfe gerufene hochgebildete Schwarzmagier Klingsor am Hof Hermanns I. von Thüringen gegenüber. Wolfram, der spürt, daß Klingsor andere als nur sängerische Mittel im Wettstreit gegen ihn einsetzt, stellt die Transsubstantiation und die Gegenwart Christi im Abendmahl in den Mittelpunkt seines Gesanges. Die von Klingsor eingesetzten dämonischen Kräfte müssen dem weichen. Wolfram besiegt Klingsor. Dennoch gelingt es Klingsor, «Wolfram von Eschenbach mit Hilfe mancher geistiger Wesenheiten zu beweisen, daß Wolfram von Eschenbach wohl ein sternenloses Christentum hat, das nicht mehr mit dem Kosmos rechnende Christentum hat, aber ganz ungelehrt ist in aller kosmischen Weisheit. Darauf kommt es nun an. Klingsor hat bewiesen, daß der Sänger des Gral schon in jener Zeit nur alles das vom Christentum kennt, was das kosmische Christentum abgestreift hat.»[8] Klingsor selbst hingegen wird gerade von solchen dämonischen Wesenheiten unterstützt, die noch Sternenweisheit besitzen.

In diesem Gegensatz kommt eine vielsagende historische Paradoxie zum Ausdruck. Der Verzicht auf die Sternenweisheit in ihrer alten Form führt dazu, daß Menschen wie Wolfram von Eschenbach zwar zutiefst mit dem Christus-Impuls in ihrem Inneren verbunden sind, aber ihn eigentlich durch die nur formale Beziehung ihres Denkens zum geistigen Kosmos nicht mehr vollständig verstehen können. Menschen wie Klingsor dagegen werden gerade dadurch, daß sie einen visionären Bezug zur Sternenweisheit in der alten Form pflegen, zu Gegnern des nur individuell zu erlebenden Christus. «Und so sehen wir denn, wie auf eine unrichtige Weise dem Sternen-Laien Wolfram von Eschenbach die Sternenweisheit entgegengestellt worden ist. Wir stehen in der Zeit des dreizehnten Jahrhunderts, vor dem Auftreten jener Dominikaner, von denen ich gesprochen habe; wir stehen in der Zeit, wo das Christentum gerade da, wo es besonders groß war, abgestreift hat alle Einsicht in die Sternenwelt und wo im Grunde genommen nur da, wo innerliche Entfremdung von dem Christentum war, noch Sternenweisheit vorhanden war, wie bei dem Klingsor ...»[9]

Die Charakterisierung Wolfram von Eschenbachs als eines «Sternen-Laien» steht nicht im Widerspruch zu der Tatsache, daß Wolfram mit den Geheimnissen der Sternenschrift in einer mehr abstrakten Weise doch gut vertraut war und diese beispielsweise in den Motiven und der Komposition der «Parzival»-Dichtung eine wichtige Rolle spielen. Entscheidend ist in diesem Zusammenhang, daß Wolfram seine Kenntnisse durch mündliche oder schriftliche Vermittlung erhalten hat und selbst keinen *unmittelbaren* Zugang zum Erleben der Sternenweisheit mehr besaß.[10]

1.3 Der Verzicht der Rosenkreuzer

In den unmittelbar an die Weihnachtstagung anschließenden Vorträgen über «Mysterienstätten des Mittelalters» beschreibt Rudolf Steiner, wiederum aus der Akasha-Forschung heraus, von einem bestimmten Gesichtspunkt aus die kleinen Kreise der echten Rosenkreuzer, die zwischen dem 13. und dem 15. Jahrhundert ebenfalls den Weg von der alten zu einer neuen Form der Sternenweisheit vorbereiteten. Hier wurde, im Sinne des mit der Aristotelischen Naturerkenntnis verbundenen Warte-Stromes, im verborgenen der alte Zusammenhang der Seele mit dem Kosmos noch bis in das 15. Jahrhundert hinein in einer rechtmäßigen Weise gepflegt. Dann aber erfolgte auch hier ein Umschwung.

Zu Beginn der Neuzeit, so Rudolf Steiner, sagten sich im Zusammenhang mit der Rosenkreuzer-Inspiration stehende Menschen wie zum Beispiel der florentinische Platoniker Pico de Mirandola (1463–1494) etwa folgendes: «Ja, dasjenige, was hier auf der Erde ist, ist von kosmischen Ursachen bewirkt, aber der Mensch soll verzichten, diese kosmischen Ursachen zu erkennen. Der Mensch soll sich auf die Erde beschränken.»[11] Im Gegensatz beispielsweise zu Immanuel Kant, der später die Möglichkeit einer wissenschaftlichen Erkenntnis übersinnlicher Wirklichkeiten für den Menschen prinzipiell ausschloß, handelt es sich bei Pico de Mirandola um einen vorübergehenden freiwilligen Verzicht aus der Einsicht in die Entwicklungsgesetze der Bewußtseinsseele. «Und so tritt uns im 15. Jahrhundert der freiwillige Verzicht auf die höchste Erkenntnis bei einer so charakteristischen Persönlichkeit wie Pico de Mirandola entgegen. Das ist eine kulturhistorische Geistestatsache von der denkbar weittragendsten Bedeutung. Dazumal vollzog es sich eben, daß Menschen sich gesagt haben: Wir wollen verzichten auf Erkenntnis.»[12]

Die Darstellungen Rudolf Steiners gipfeln in der Beschreibung einer feierlichen Kultushandlung der Rosenkreuzer, die in der zweiten Hälfte des 15. Jahrhunderts, also kurze Zeit nach Beginn der Bewußtseinsseelenepoche (1413), durchgeführt wurde: «Wiederum war es in einer jener anspruchslosen Versammlungswohnungen der Rosenkreuzer, wo bei einer Kultushandlung, die eigens zu diesem Zwecke angestellt worden ist, in allerfeierlichster Form im 15. Jahrhundert, in der zweiten Hälfte des 15. Jahrhunderts das Opfer dargebracht worden ist der Sternenerkenntnis ... Menschen standen vor einer Art von Altar und sagten: Wir wollen uns jetzt verantwortlich fühlen nicht allein für uns oder unsere Gemeinschaft oder unser Volk oder die Menschheit der Gegenwart, wir wollen uns verantwortlich fühlen für alle Menschen, die jemals auf Erden gelebt haben. Wir wollen uns als Angehörige der ganzen Menschheit fühlen. Und wir fühlen, daß die Menschheit etwas durchgemacht hat, was ein Verlassen des Ranges der vierten Hierarchie ist, ein zu tiefes Hinuntersteigen in die Materie – so wurde der Sündenfall aufgefaßt. Deshalb, damit die Menschheit wiederum zurückkommen kann zu ihrem Range der vierten Hierarchie und im freien Willen dasjenige finden könne, was früher Götter für sie und mit ihr versucht haben, sei geopfert die höhere Erkenntnis für eine gewisse Zeit. – Und gewisse Wesenheiten der geistigen Welt, die nicht menschlicher Art sind, nicht in menschlicher Inkarnation zur Erde herabkommen, haben das Opfer entgegengenommen, um gewisse Ziele in der geistigen Welt zu erreichen, von denen hier zu sprechen zu weit führen würde, was ein anderes Mal geschehen soll. Den Menschen aber wurde dafür der Impuls zur Freiheit aus der geistigen Welt möglich.»[13]

In der inneren Einstellung Wolfram von Eschenbachs, Pico de Mirandolas und der Rosenkreuzer kommt der durch den «harmonischen Gegensatz» zwischen platonischer und aristotelischer Geistesart vorbereitete Umbruch im Verhältnis der Menschheit zu der alten Form der Sternenweisheit und des mit ihr verbundenen, von Imaginationen und Inspirationen durchzogenen Denkens und Wahrnehmens noch einmal zum Ausdruck. Zugunsten der Entwicklung der Bewußtseinsseele mußte der Zugang zu der aus alten Mysterien stammenden Sternenweisheit preisgegeben werden, weil nur dadurch das volle Selbstbewußtsein der individuellen Persönlichkeit und das freie individuelle Denken sich ungehindert ausbilden konnten. Auf dieser Grundlage sollte in dem neuen Michael-Zeitalter, das im Jahre 1879 begonnen hat, die Verbindung des individuellen Denkens mit dem im Inneren jedes Menschen anwesenden Christuswesen und damit das Wiederaufleben der Sternenweisheit in einer neuen, christlichen Form anheben. So vollzog sich die Bewußtseinsseelenentwicklung über weite Strecken im Zeichen eines notwendigen Verzichts und der dadurch hervorgerufenen Einseitigkeit der neuzeitlichen Weltauffassung. Rudolf Steiner spricht in diesem Zusammenhang an einer Stelle sogar von einer «notwendige[n] Störung des kosmischen Gleichgewichts» in bezug auf das neuzeitliche Geistesleben.[14]

Damit erscheinen die ersten Jahrhunderte der Bewußtseinsseelenentwicklung wie ein Durchgang durch ein geistiges Nadelöhr, durch das die Menschheit nur durch die freiwillige Preisgabe ihrer geistigen Reichtümer der Vergangenheit hindurchgehen konnte, um sich dieselben vom 20. Jahrhundert ab in individualisierter Form, auf der Grundlage der erworbenen individuellen Freiheit und der persönlichen Beziehung zum menschgewordenen Christuswesen wieder zu erarbeiten. In dieser Zeit ist der Mensch aufgerufen, neue Wege der Denk- und Wahrnehmungsschulung zu beschreiten. Einen bedeutenden Meilenstein in dieser Richtung stellt Rudolf Steiners 1910 erschienenes Buch «Die Geheimwissenschaft im Umriß» dar. In diesem Buch kommt die Sternenweisheit in einer durch die Mysterien des esoterischen Christentums erneuerten Form zur öffentlichen Darstellung. In den imaginativen und inspirativen Begriffsformen dieses Buches erscheint auch der frühere «harmonische Gegensatz» zwischen platonischer und aristotelischer Geistesart zu einer neuen zukunftsweisenden Einheit verbunden.

2. DIE NEUE VERBINDUNG VON GEDANKE UND ÜBERSINNLICHER WIRKLICHKEIT

Rudolf Steiner schrieb in seinem Vorwort zur Neuauflage der «Geheimwissenschaft» im Jahre 1925 folgendes: «Aber man kann in solchen Gedanken allein (den naturwissenschaftlichen, d. Verf.) nicht das zur Darstellung bringen, was sich dem geistigen Schauen als Geistwelt offenbart. Denn diese Offenbarung geht in einen bloßen Gedankeninhalt nicht ein. Wer das Wesen solcher Offenbarung erlebend kennengelernt hat, der weiß, daß die Gedanken des gewöhnlichen Bewußtseins nur geeignet sind, das sinnlich Wahrgenommene, nicht aber das geistig Geschaute, auszudrücken. Der Inhalt des geistig Geschauten läßt sich nur in Bildern (Imaginationen) wiedergeben, durch welche Inspirationen sprechen, die von intuitiv erlebter geistiger Wesenheit herrühren.»[15]

Um der zutiefst individuellen Bewußtseinsseelentätigkeit gegenwärtiger Menschen gerecht werden zu können, muß der Darsteller geistiger Schauungen diese heutzutage in die Form von reinen Gedanken gießen. Dadurch können die Inhalte der Geisteswissenschaft für das moderne Bewußtsein nachvollziehbar und individuell überprüfbar werden: «Um aber ein solches Verständnis wirklich möglich zu machen, muß der Darsteller des geistig Geschauten seine Schauungen bis zu einem richtigen Hineingießen in die Gedankenform bringen, *ohne daß sie innerhalb dieser Form ihren imaginativen Charakter verlieren*» (GW, S. 27).[16]

Gedanken, die auf die Imagination hingeordnet sind, müssen dementsprechend sorgfältig gestaltet werden, wie weiter unten anhand des Kapitels «Wesen der Menschheit» noch deutlicher werden wird. Rudolf Steiner hat jahrzehntelang an der begrifflichen Gestaltung seiner Darstellungen gearbeitet. Alle Bücher und Vorträge Steiners sind für den

Leser Schulungswege des Denkens. Man kann seinem gesamten Werk nicht gerecht werden, wenn man dieses nicht ins Auge faßt. Er begründete mit seiner geistesgeschichtlich völlig neuen Art der Ideengestaltung eine Synthese zwischen neuzeitlichem wissenschaftlichen Denken und geistig-übersinnlichem Erleben, die es ihm erlaubte, so über die geistige Welt und ihren Zusammenhang mit der physischen Welt zu schreiben und zu sprechen, daß diese Welt in seinen Werken anwesend ist und durch das Lesen allmählich zur eigenen Erfahrung werden kann.

Es wird in Zukunft eine Frage der disziplinierten Ausbildung der Fähigkeit zu solchen Ideengestaltungen und des Wahrnehmens des darin lebenden kosmischen Geistes sein, ob Menschen den Übergang zur neuen Form der Sternenweisheit werden vollziehen können. Es ist hierbei hilfreich, zu erleben, welche überragende Kompetenz Rudolf Steiner selbst bei der Gestaltung der begrifflichen Form und deren Hindeuten auf die Geistwelt hatte. Dies sei nun an einem Beispiel aus dem Kapitel «Wesen der Menschheit» gezeigt.

«Bei der Betrachtung des Menschen vom Gesichtspunkte einer übersinnlichen Erkenntnisart», so beginnt Rudolf Steiner dieses Kapitel, «tritt sogleich in Kraft, was von dieser Erkenntnisart im allgemeinen gilt. Diese Betrachtung beruht auf der Anerkennung des ‹offenbaren Geheimnisses» in der eigenen menschlichen Wesenheit› (GW, S.52). Daß, wo ein Offenbares ist, zugleich ein Geheimes, ein den Sinnen Unsichtbares wirkt, daß alles Sichtbare selbst bereits ein «offenbares Geheimnis» ist, wird hier angedeutet. Sinnliche und übersinnliche Welt sind untrennbar aufeinander bezogen. Das «offenbare Geheimnis» birgt beide Welten und unterscheidet sie zugleich.

Nun werden auf dieser Grundlage die Wesensglieder des Menschen beschrieben: «Um den Begriff von diesem physischen Leib zu beleuchten, muß zunächst die Aufmerksamkeit auf die *Erscheinung* gelenkt werden, die wie das große Rätsel über alle Beobachtung des Lebens ausgebreitet liegt: auf den Tod und, im Zusammenhang damit, auf die sogenannte leblose Natur, auf das Reich des Mineralischen, das stets den Tod in sich trägt» (GW, S. 52). Um zu verstehen, was der physische Leib ist, «ist vor allem die Tatsache wichtig, daß der Tod dasjenige von der menschlichen Wesenheit bloßlegt, was, wenn der Tod eingetreten ist, mit der mineralischen Welt gleicher Art ist» (ebd.).

Es bedarf also einer «Bloßlegung», einer Enthüllung, durch die das äußere Wesen des physischen Leibes erst rein in Erscheinung tritt. Denn normalerweise sind im Anblick des physischen Leibes die Wirkungen des ihn durchdringenden Ätherleibes, des Astralleibes und des Ich mitenthalten. Diese «Bloßlegung» leistet der Tod, durch ihn wird der physische Leib in gewisser Hinsicht erst er selbst.

Durch die Erscheinung des Toten wird die Abwesenheit dessen spürbar, was im lebenden Menschen als Geheimes im Offenbaren wirkt, nämlich die des Ätherleibes. Auf diesen fällt durch die Vergegenwärtigung des Toten ein helles Licht. Entsprechend fährt Rudolf Steiner nun fort: «Von dem Ätherleib steigt die übersinnliche Betrachtung auf zu einem weiteren Gliede der menschlichen Wesenheit. Sie deutet zur Bildung einer Vorstellung von diesem Gliede auf die Erscheinung des Schlafes hin, wie sie beim Ätherleib auf den Tod hingewiesen hat» (GW, S. 58).

Wie die Wirksamkeit des Ätherleibes im Hinblick auf den Tod charakterisiert wurde, wird der Begriff des Astralleibes im Hinblick auf den Vorgang des Schlafes präzisiert. Es «können die Kräfte des Ätherleibes sich nicht durch sich selbst mit dem Lichte des Bewußtseins durchleuchten. Ein Ätherleib, der bloß sich selbst überlassen wäre, müßte sich fortdauernd in dem Zustande des Schlafes befinden … Ein wachender Ätherleib ist von einem Astralleib durchleuchtet. Für die Sinnesbeobachtung verschwindet die Wirkung dieses Astralleibes, wenn der Mensch in Schlaf versinkt» (GW, S. 59).

Auch hier wird der Begriff des Wesensgliedes gebildet, indem anschaulich gemacht wird, was im Organismus des Menschen geschieht, wenn dieses Wesensglied gerade nicht im normalen Sinne wirksam ist. Ein Lebewesen, das zum Beispiel nicht von einem Astralleib durchdrungen ist, befindet sich im Schlafzustand (GW, S. 62).

Wir haben gesehen, daß die Begriffe der Wesensglieder von Rudolf Steiner so gefaßt werden, daß er immer auf wahrnehmbare Erscheinungen der äußeren Welt hindeutet, die im Sinne des offenbaren Geheimnisses die Wirksamkeit des Geistigen veranschaulichen. In diesem Sinne lernt man das Tote in der Welt als das Offenbarwerden einer Wirkensgrenze des Ätherleibes erleben, und der Schlaf macht eine Wirkensgrenze des Astralleibes sichtbar. Die so beobachteten Wirkensgrenzen dienen dazu, Ideen wie die des Ätherleibes und des Astralleibes immer mehr mit der eigenen Anschauung zu durchleuchten.

Dadurch, daß Rudolf Steiner zeigt, wie das Verborgene sich in den Erscheinungen offenbart, erweitert sich die Sinneswahrnehmung zu einem sinnlich-übersinnlichen Bild. Zu der äußeren Anschauung des Toten tritt ein Bild wie kontrastierend hinzu, in dem die Wirkungen des lebensspendenden Ätherleibes und schließlich dieses Leben selbst im inneren Lichte sichtbar werden. In dieser erweiterten Sinnesanschauung wird der Zusammenhang, der zwischen dem Ätherleib und dem Tod besteht, zur eigenen sinnlich-übersinnlichen Erfahrung.

Zusammenfassend kann man sagen, daß der Leser dazu angeregt wird, die ihn umgebende Wirklichkeit durch die Ideen, die er mit Hilfe der Anthroposophie aufnehmen kann, neu anzuschauen und tiefer zu erleben. Er lernt in den einzelnen Welterscheinungen zu lesen, indem er sie als Symptome, als offenbare Geheimnisse wahrnehmen lernt. Dies ist aber nur möglich, indem er seinen eigenen kosmischen Geist, durch den er mit der Welt verbunden ist, durch das Gedankenlicht erwecken lernt.

Dieses Gedankenlicht erweist sich dann mehr und mehr als zutiefst verwandt mit den Kräften und Wesenheiten der übersinnlichen Welt, welche die äußere Erscheinungswelt durchdringen. In seinem erwachenden Geist gehen ihm die objektiven, in der Welt vorhandenen Imaginationen auf.

In dieser die Darstellungen Rudolf Steiners konstituierenden, sorgfältigen Zusammenführung von Denken und übersinnlicher Wirklichkeit liegt der Grund, warum Rudolf Steiner sagen konnte: «Ich habe damit meinen Büchern einen solchen Charakter aufgeprägt, daß deren Lesen selbst schon der Anfang der Geistesschulung ist» (GW, S. 29).

In den folgenden Kapiteln soll der Zusammenhang dieses geistesgeschichtlich neuartigen wissenschaftlichen Ansatzes mit der zukünftigen, individualisierten Form der Sternenweisheit im Menschen dargestellt werden.

3. MIKROKOSMOS UND MAKROKOSMOS

3.1 Das menschliche Ich

Christian Morgenstern deutete mit einem Aphorismus, den er 1895 schrieb, auf ein Urerlebnis seines Schaffens und Dichtens: «Die Welt ist nur eine Form des Menschen».[17] In welch tiefem Sinne mit diesen Worten Wahrheit berührt wird, soll Thema der weiteren Ausführungen sein.

Einen bewegenden Eindruck kann der Leser der «Geheimwissenschaft» bekommen, wenn er im Kapitel «Wesen der Menschheit» liest, dass, was er im Innersten seines Wesens als Ich empfindet, die selbe Kraft sei, die auch in der ihn umgebenden Welt lebt. «Die Kraft, welche in der Bewußtseinsseele das Ich offenbar macht, ist ja dieselbe wie diejenige, welche sich in aller übrigen Welt kundgibt. Nur tritt sie in dem Leibe und in den niederen Seelengliedern nicht unmittelbar hervor, sondern offenbart sich stufenweise in ihren Wirkungen» (GW, S. 69f.).

Wie schon bei Christian Morgenstern, so sind auch mit diesen wenigen Worten Weltzusammenhänge in großem Wurf angedeutet, die man an dieser Stelle, wo es zunächst allein um das menschliche Ich geht, wohl allerhöchstens in ihrem Ansatz wird verstehen können. Eher wird man es als rätselhafte Frage erleben, wie der Zusammenhang von Menschen-Ich und umgebender Welt beschaffen sein soll. Aber um ein Mittel an die Hand zu geben, durch das jeder Mensch sich selbst allmählich auf solche Fragen Antworten erarbeiten kann, hat Rudolf Steiner eine geisteswissenschaftliche Kosmogonie und Kosmologie entwickelt. Sie kommt besonders vollständig in dem Kapitel «Die Weltentwicklung und der Mensch» in der «Geheimwissenschaft» zum Ausdruck.

Im vorigen Kapitel wurde, ausgehend von dem Wesen des «offenbaren Geheimnisses», gezeigt, wie Rudolf Steiner stets erst auf das Offenbare hindeutet und dann das unsichtbar in diesem Wirkende für das schauende Denken sichtbar macht. In dieser Weise bildet er die Begriffe der Wesensglieder. An der Stelle, an welcher er nun den Begriff des menschlichen Ich bildet, verweist er hinsichtlich des Unterschiedes zum Astralleib auf das Vergessen. «Die übersinnliche Erkenntnis bildet eine Vorstellung von diesem weiteren Gliede der menschlichen Wesenheit (dem Ich, d. Verf.), indem sie darauf hinweist, daß auch innerhalb der wachen Erlebnisse noch ein wesentlicher Unterschied besteht. Dieser Unterschied tritt sofort hervor, wenn der Mensch seine Aufmerksamkeit darauf lenkt, daß er im wachen Zustande einerseits fortwährend in der Mitte von Erlebnissen steht, die kommen und gehen müssen, und daß er andererseits auch Erlebnisse hat, bei denen dies nicht der Fall ist» (GW, S. 60).

Die Erlebnisse müssen kommen und gehen, sofern sie aktuell von innen oder außen an die Seele herankommen und in der Seele noch kein Erinnerungsvermögen ausgebildet ist. Dieser Zustand bedeutet für den Menschen, daß der Anstoß für jedes Erlebnis im eigenen Leib oder außerhalb desselben liegt, da er außer durch die veranlassende Sinneswahrnehmung beziehungsweise leiblich fundierte Selbstwahrnehmung nicht zu Erlebnissen angeregt wird. Führt man sich menschliches Verhalten insgesamt vor Augen, so ist es aber offenkundig nicht nur durch gegenwärtige Veranlassung in oder außer dem Menschen bestimmt, sondern es gibt im menschlichen Wesen neben der Wirksamkeit des wachen Astralleibes noch eine weitere, die sich davon unterscheidet. In der Beobachtung der Abwesenheit einer Wirksamkeit wird der Blick dafür geschärft, worin ihre Anwesenheit besteht. So stellt Rudolf Steiner dem Phänomen des bloßen Wachens das der Erinnerung gegenüber. Der Astralleib müßte «das Vergangene immer wieder in die Vergessenheit sinken lassen, wenn dieses nicht vom ‹Ich› in die Gegenwart herübergerettet würde» (GW, S. 62).

Die Erinnerung allein gewährleistet die Kontinuität des inneren Wesens des Menschen. Dieses ist durch sie nicht mehr auf jederzeit wechselnde Eindrücke angewiesen, sondern baut auf ein Bleibendes im Inneren. Es liegt in der Konsequenz des Gedankens, daß es hier nicht alleine darum geht, daß der Mensch Erinnerung besitzt, sondern darum, daß er erleben lernt, daß er sie besitzt. Nicht «das Bleibende als solches wird hier als ‹Ich› bezeichnet, sondern dasjenige, welches dieses Bleibende erlebt» (GW, S. 61). Dieses ist auch der Ausgangspunkt allen wahren individuellen Handelns.

Die Wendung hin zu dem, was «dieses Bleibende erlebt», ist im Zusammenhang dieser Darstellung die Umstülpung der gesamten Blickrichtung, die, von der Beobachtung des physischen Leibes ausgehend, sich zu den nächsthöheren Wesensgliedern wandte und nun im Zusammenhang mit dem Ich die Wendung ins Innere vollzieht. Das Ich ist reine innere Tätigkeit. Es zeichnet sich dadurch aus, daß es nichts Gegebenes ist, sondern daß es seine Existenz seiner eigenen Tätigkeit verdankt. Selbsterkenntnis entsteht, indem die Bewußtseinsseele durch innere Erkenntnistätigkeit die geistige Wesenheit des Ich zur Erscheinung bringt. «Durch diese Tätigkeit hat die Wahrnehmung des Ich in der Bewußtseinsseele für den Menschen eine ganz andere Bedeutung als die Beobachtung alles dessen, was durch die drei Leibesglieder und durch die beiden anderen Glieder der Seele an ihn herandringt» (GW, S. 69). Denn was durch den physischen Leib, den Ätherleib und den Astralleib dem Menschen begegnet, das muß er als Wahrnehmung passiv entgegennehmen. Das Ich begegnet so einer Welt, die es als erschaffene vorfindet und der es zunächst fremd gegenübersteht, da es scheinbar nicht beteiligt ist an ihrer Entstehung. Hiermit ist zugleich deutlich, daß unter dem geltend gemachten Aspekt nicht nur die natürliche Welt außerhalb des Menschen, sondern auch seine eigene in physischen Leib, Ätherleib und Astralleib gegliederte Leiblichkeit als gegebene betrachtet werden muß.

Was der Mensch als Tätigkeitswesen in seiner Bewußtseinsseele ergreift, ist der im Ich lebende Geist, der «sich da eben nur wie ein Tropfen aus dem Meere der alles durchdringenden Geistigkeit» zeigt. «Aber der Mensch muß diese Geistigkeit hier zunächst ergreifen. Er muß sie in sich selbst erkennen; dann kann er sie auch in ihren Offenbarungen finden» (GW, S. 70). Und gleich darauf heißt es: «So ist die Bewußtseinsseele mit dem Geiste verbunden, der das Verborgene in allem Offenbaren ist.»

Mit diesen Worten knüpft Rudolf Steiner an das an, was er am Anfang des Kapitels das «offenbare Geheimnis» genannt hat und was, wie im vorigen Kapitel zu zeigen versucht wurde, die Darstellungsart dieses Kapitels, ja der Geisteswissenschaft als ganzer, prägt. Es ist das tätige Ich, welches das Geheime im Offenbaren der Wahrnehmungswelt zu entziffern vermag. Dazu ist aber notwendig, daß es sich seiner selbst als Tätigkeitsquell im Denken bewußt wird und ein inneres Sehvermögen für die alle Welterscheinungen durchdringende Geistwelt entwickelt.

Es ist damit ein Weg eröffnet zur Beantwortung der Frage, wie der Geist, der in den Offenbarungen der Welt lebt, in seiner Beziehung zum Menschen erkannt werden kann. Er lebt zunächst für die äußere Wahrnehmung in völlig anderer Gestalt als im denkenden Ich selbst. Hier tritt er als individuelle Tätigkeit, in den Wahrnehmungen dagegen als objektive und vom Ich getrennte Schöpfung der Natur zutage. Aber durch die individuelle Erarbeitung der geisteswissenschaftlichen Kosmogonie und Kosmologie ist es möglich, sich der vollen Erkenntnis des innigen Zusammenhanges von Ich und Welt, wie er in Christian Morgensterns Aphorismus anklingt, weiter zu nähern.

Der Gegensatz von denkendem Ich und äußerer Natur verweist auf das Verhältnis von menschlichem Ich und dem im Kosmos wirksamen Geist, dem Welten-Ich. Die wahre Beziehung von Ich und Welt kann nur dann einsichtig werden, wenn man einen Weg findet von der Selbstbewußtheit im Denken zum Selbstbewußtsein im Kosmos.

Die Frage nach dem menschlichen Ich und seinem Zusammenhang mit der Welt ist die Grundfrage und das innere Zentrum der Geisteswissenschaft. Der Zusammenhang des mikrokosmischen Menschen, wie er in dem Kapitel «Wesen der Menschheit» beschrieben wird, mit der Darstellung der makrokosmischen Evolution der Erde im Kapitel «Die Weltentwicklung und der Mensch» ergibt sich aus dieser Grundfrage mit Notwendigkeit. Im letztgenannten Kapitel der «Geheimwissenschaft im Umriß» zeigt sich der Zusammenhang von menschlichem Ich und Welten-Ich, von Mikrokosmos und Makrokosmos. Erst durch die sorgfältige Erarbeitung der geisteswissenschaftlichen Darstellungen über das Werden des Kosmos wird für das schauende Denken erlebbar, inwiefern «die Kraft, welche in der Bewußtseinsseele das Ich offenbar macht», dieselbe ist «wie diejenige, welche sich in aller übrigen Welt kundgibt».

3.2 Der alte Saturn

Ebenso wie der geistige Wesenskern des einzelnen Menschen sich durch wiederholte Inkarnationen hindurch entwickelt, so stellt sich auch unsere heutige Erde für das Lesen im Weltgedächtnis als eine Wiederverkörperung früherer planetarischer Entwicklungszustände dar. In ihrem ältesten Entwicklungszustand, dem alten Saturn, schufen die himmlischen Hierarchien die erste Anlage des heutigen physischen Leibes des Menschen. Auf der alten Sonne, der zweiten Verkörperungsstufe des Erdenplaneten, schufen die Hierarchien die Anlage des menschlichen Ätherleibes, und auf dem alten Mond, dem dritten Zustand, wurde der heutige Astralleib des Menschen veranlagt.

Die Entwicklung des alten Saturn hebt an, als die Throne, auch Geister des Willens genannt, beginnen, aus ihrem eigenen erhabenen Wesen den Willen ausströmen zu lassen. Diesen Willen, der zu diesem Zeitpunkt noch wie ungeordnete, ungegliederte Stofflichkeit ist, kann man vergleichen mit dem menschlichen Willen. Es ist nur Wille vorhanden auf dieser Stufe. Der Anfang des Saturn ist noch ein rein seelisch-geistiger Zustand, ein «reines Innenwesen». Rudolf Steiner nennt es ein «geistig Wesenhaftes, das in sich selbst vollendet ist und keines äußeren Wesens bedarf, um seiner bewußt zu werden» (GW, S. 169). Denn die Gabe der Throne entspringt aus reiner Opfergesinnung. Es besteht für sie selbst keine Notwendigkeit, äußeres Wesen zu schaffen, um an diesem das eigene Bewußtsein spiegeln zu können.

Nun treten andere Wesen auf, Geister der Weisheit, die zwischen dem Willenswesen des Saturn und dem diesen umgebenden geistigen «Luftkreis» Wechselwirkungen herstellen, wobei dieser «Luftkreis» aus rein geistigen Wesen besteht. Die Geister der Weisheit senken ihre Wesensglieder in die Willenssubstanz, und dadurch «erhält allmählich der vorher ganz eigenschaftslose Wille die Eigenschaft, Leben in den Himmelsraum zurückzustrahlen» (GW, S. 161).

Nachdem in der Saturnentwicklung durch das Zusammenwirken des Willens und des Lebens eine gewisse Stufe erreicht ist, setzt die Arbeit anderer Wesen ein, die sich ebenfalls im Umkreis des Saturn befinden.

Es sind die Geister der Bewegung. Nachdem nun «die Saturnkörper die Fähigkeit erlangt haben, das Leben zu spiegeln, ... vermag sich dieses zurückgestrahlte Leben zu durchdringen mit den Eigenschaften, welche in den Astralleibern der Geister der Bewegung ihren Sitz haben» (GW, S. 162). Dies ruft nun den Eindruck hervor, als wenn Empfindungsäußerungen und Gefühle vom Saturn in den Himmelsraum hinausgeschleudert würden. Der ganze Saturn erscheint wie ein beseeltes Wesen, das sich in Sympathien und Antipathien kundgibt. Es sind dabei, wie nun ausdrücklich differenziert wird, «diese seelischen Äußerungen keineswegs seine eigenen, sondern nur die zurückgeschleuderten seelischen Wirkungen der Geister der Bewegung» (ebd.). Noch deutlicher wird das an folgender Stelle: «So ist der Saturn für den übersinnlich Erkennenden in der geschilderten Entwickelungsepoche zusammengefügt aus einzelnen Saturnwesen, die allerdings nicht Eigenleben und nicht Einzelseele haben, sondern Leben und Seele ihrer Bewohner zurückstrahlen» (GW, S. 163).

Nachdem die Geister der Form mit ihren Astralleibern so auf den Saturn gewirkt haben, daß die Empfindungsäußerungen erscheinen, wie wenn sie von einzelnen Wesen in den Weltenraum geschleudert würden, treten die Geister der Persönlichkeit auf. Durch sie blickt das Ich aus dem geistigen Luftumkreis des Saturn auf diesen hin und teilt sich den Einzelwesen des Saturn mit. Dadurch erscheint, was vom Saturn aus dem Weltenraum mitgeteilt wird, wie die Wirkung von Persönlichkeiten. Indem sich die Geister der Persönlichkeit von dem Saturnkörper ihr eigenes Wesen zurückstrahlen lassen, wird nun die willenshaft-geistige Saturnstofflichkeit zu Wärme. Dadurch ist ein entscheidender Einschnitt geschehen, weil erst mit der Wärme etwas auf dem Saturn entsteht, was ein äußeres, offenbares Dasein hat. «Mit dem Erscheinen der Saturnwärme tritt also unsere Entwickelung aus dem Innenleben, aus der reinen Geistigkeit zuerst in ein äußerlich sich offenbarendes Dasein» (GW, S. 169f.).

Rudolf Steiner zufolge bildet die von den Thronen geopferte Willenssubstanz den Keim zum physischen Menschenleib. Dieser Keim gewinnt erst, als er vom Ich der Geister der Persönlichkeit, die im Umkreis des Saturn ihre eigene Menschenentwicklung erleben, angeschaut wird, Wärmecharakter und äußeres Dasein. Damit ist die erste

Stufe der Verdichtung des rein geistigen Daseins zur sinnlichen Erscheinungswelt eingetreten.

Man kann daran abmessen, wie das ganze bisher geschilderte Saturnleben, das rein innerlich-geistiger Natur war, sich zum heutigen äußeren Dasein verhält. Der Saturn ist bis zu diesem Zeitpunkt ein Zustand des Kosmos, der durchwogt und beseelt ist von geistigen Wesen und deren rein geistigem Sein. Erst für die Mitte der Saturnentwicklung schildert Rudolf Steiner das Entstehen der Wärme, durch die zuerst äußeres Dasein in Erscheinung tritt. Und selbst dieser Wärmequalität kann sich der Mensch heute nur durch seelische Beobachtung eines inneren Wärmeerlebens nähern! Man erahnt dadurch vielleicht, wie flüchtig, aber auch wie karg und unsäglich leer – nach heutigen Maßstäben – diese physische Saturnwärmewelt gewesen sein muß, an der sich der den Saturn umgebende Hierarchienkosmos spiegelte. Von dieser Leere macht man sich dann einen Begriff, wenn man sich klarmacht, daß es eine Welt war, in der außer an dem Wärmeerleben weder Sinneseindrücke noch seelische Eindrücke empfangen werden konnten.

Wichtig ist hierbei, daß es nicht die Saturnwärmewesen selbst sind, die sich als lebendig, beseelt, ja ichhaft äußern. Sie spiegeln nur die rein geistigen Wesensäußerungen aller Hierarchien wider, und diese Wiederspiegelung wirkt so, als zeigten sich in ihr die Saturnwärmewesen. «Und während in diesen Wärmeleibern selbst kein Leben war, drückte sich das Leben ihrer Umwohner in ihnen aus … Im Saturn selbst hätte man also nichts Lebendiges entdecken können; doch wirkte er belebend auf seine Umgebung des Himmelsraumes, da er in diese wie ein Echo das ihm zugesandte Leben zurückstrahlte. Der ganze Saturn erschien wie ein Spiegel des Himmelslebens» (GW, S. 160).

Man kann anhand dieser Schilderungen einen Eindruck davon gewinnen, inwiefern der physische Menschenleib auf dem Saturn ein reines Spiegelungsorgan für das Weltenschaffen der Hierarchien ist. Es kommt in diesem Zustand die größtmögliche Vollmacht des Geistigen über das Physische zum Ausdruck, indem das äußere Dasein diesem noch nicht wirklich Entgegensetzung, sondern vollkommenstes Spiegelungsorgan sein kann. Geistig-Wesenhaftes opfert zu Beginn der Saturnentwicklung aus reinem Innensein heraus den Willen. Durch das Ich-Erlebnis der Geister der Persönlichkeit entsteht zum erstenmal äußeres Dasein, selbständige Wesenheit; dann prägt sich die Umgebung diesem Wärmewesen, das reinstes Organ des Weltenlebens ist, durch Spiegelung ein.

In dem heutigen Entwicklungszustand der Erde stellt das Mineralreich in seiner Beziehung zum Kosmos eine Art Wiederholung desjenigen Zustandes auf niedrigerem Niveau dar, in welchem sich auf dem alten Saturn der ganze Planet befand.

3.3 Die alte Sonne

Die Verhältnisse haben sich vollkommen verändert, als sich die zweite Verkörperung der heutigen Erde, die alte Sonne, aus dem Weltenschlaf erhebt. Als sich der Menschenkeim so weit entwickelt hat, daß seine Saturnentwicklung dem neuen Sonnenleben angepaßt ist, beginnen die Geister der Weisheit damit, dem Menschen den Lebensleib einzuströmen. In diesem Moment «fängt das vorher dunkle Sonnenwesen zu leuchten an». Die Sonne ist, im Gegensatz zum Saturn, ein leuchtender, lichtdurchfluteter Planet. «Gleichzeitig treten in dem Menschenkeim die ersten Erscheinungen innerer Regsamkeit ein; das Leben beginnt. Was für den Saturn als ein Scheinleben charakterisiert werden mußte, wird jetzt wirkliches Leben» (GW, S. 175).

Dadurch, daß die Geister der Bewegung mit ihrem eigenen Astralleib den Lebensleib des Menschen durchpulsen, erlangt dieser die Fähigkeit, innere Bewegungen im physischen Leib auszuführen. Dieser physische Leib, der bisher aus Wärmesubstanz bestand, verdichtet sich dabei teilweise bis zum Luft- beziehungsweise Gaszustand. «Dem übersinnlichen Bewußtsein bietet sich der folgende Anblick dar. Innerhalb der Wärmesubstanz tritt etwas auf wie feine Gebilde, die durch die Kräfte des Lebensleibes in regelmäßige Bewegung versetzt werden» (GW, S. 176).

Was auf dem Saturn noch undifferenziert reine Wärme ohne Innerlichkeit war, hat sich nun gegliedert und weiter verdichtet. Denn die Luft ist eine Verdichtung der Wärme. Mit der Luft, die nun in den Wärmekörpern zur Erscheinung kommt, ist zugleich eine Zweiheit entstanden. Vom einen ins andere und wieder zurück pulsiert eine innere Regsamkeit, innere Bewegung. Mit der Zweiheit ist zugleich ein erster Keim dessen entstanden, was man Innerlichkeit nennt; das Leben, das sich hier entwickelt, entfaltet eine innere Regsamkeit.

Man kann die Anschauung von der alten Sonne dadurch erweitern, daß man sich nicht nur die einzelnen Menschenvorfahren in dieser pulsierenden, von Licht durchleuchteten Bewegung befindlich vorstellt, sondern den ganzen Planeten. Das Charakteristische nämlich ist, daß die alte Sonne selbst rhythmisch in Erscheinung tritt und wieder verschwindet. Rudolf Steiner nennt diese Ruhepausen, in die das Sonnenleben in regelmäßigen Abständen eintritt, Weltennächte. Wenn die Ruhepausen abgelaufen sind, entfaltet sich das Sonnenleben wieder, weitere Wesen treten auf den Schauplatz und nehmen teil an der Arbeit am physischen Leib und Ätherleib des Menschenvorfahren.

Die Tendenz zur Zweiheit tritt auch darin in Erscheinung, daß sich von der Sonne ein anderer Planet abtrennt. Archai beziehungsweise Geister der Persönlichkeit, die auf dem alten Saturn nicht die Menschenstufe erlangen konnten, sondern sich aus dem Sonnenkörper heraus und bilden einen selbständigen Weltenkörper. «Es sind dadurch zwei Weltengebilde aus dem einen geworden, das früher Saturn war» (GW, S. 181).

Die Zweiheiten, die auf der Sonne entstehen, bewirken aber keine endgültige Trennung. Es bestehen immerzu Wechselwirkungen. Am deutlichsten kann man das am Verhältnis der alten Sonne selbst zu ihrer geistigen Umgebung bemerken. Die Weiterentwicklung gegenüber dem Saturn besteht darin, daß nicht nur Weltenleben zurückgestrahlt wird, sondern daß auf der Sonne eigenes Leben, eigene Innerlichkeit vorhanden ist. Aber diese Innerlichkeit befindet sich im rhythmischen Austausch mit dem Weltenleben der Hierarchien.

Die dritte Hierarchie spielt in der Weltentwicklung für den Menschen eine besondere Rolle, da diese Wesen dem Menschen in ihrer Entwicklung direkt vorangehen und man an ihnen auch abmessen kann, was bestimmte Entwicklungsschritte, die dem Menschen noch bevorstehen, bedeuten. Für die Saturnentwicklung wurde gezeigt, wie die Geister der Persönlichkeit, die sich damals in ihrer Ich- beziehungsweise Menschenentwicklung befanden, ihr Ich-Erlebnis an den wärmehaften Willensleibern des Saturn ausbildeten. Ihr Ich-Erleben war dadurch willenshafter Natur.

Auf der alten Sonne haben die Geister der Persönlichkeit die Entwicklungsstufe der Engel, das heißt die Geistselbststufe, erlangt und mit ihr ein schauendes Bewußtsein. Mit diesem schauenden Bewußtsein wirken sie nun auf den Lebensleib des Menschen, wie sie auf dem Saturn auf den physischen Leib gewirkt haben. Da heißt es nun bei Rudolf Steiner: «Wie ihnen dort die Wärme ihre eigene Persönlichkeit zurückgestrahlt hat, so strahlen ihnen jetzt die Gasgebilde im Lichtglanze die Bilder ihres schauenden Bewußtseins zurück. Sie schauen übersinnlich an, was auf der Sonne vorgeht … Es ist, als ob in den Bildern, die von der Sonne ausströmen, etwas von der Kraft sich geltend machte, die der Erdenmensch als Liebe bezeichnet» (GW, S. 178). Es liegt nun im Wesen des Zusammenwirkens der Hierarchien[18], daß hierbei auch die Archangeloi, die ihrerseits auf der Sonne ihre Menschenstufe erleben, beteiligt sind. Sie befinden sich in der Umgebung der Sonne und nehmen dort Weisheit ausstrahlende Ätherkräfte aus dem Inneren der Sonne von den Geistern der Weisheit entgegen. Indem sie nun diese Weisheit zurückstrahlen, wird sie zu äußerem Licht. Dadurch sind «die Erzengel zugleich die Schöpfer des Lichtes»[19].

Die Erschaffung des Lichtes ist ein Ausdruck des Gebens und Nehmens im Wechselverhältnis geistiger Wesen. Dieser Vorgang der Erschaffung des Lichtes charakterisiert einen weiteren Aspekt des Prozesses, der weiter oben als die Verdichtung von Wärme zu Luft beschrieben wurde.

Halten wir zunächst so viel fest: Auf dem Saturn hatten die Geister der Persönlichkeit am physischen Leib des Menschen ein willensartiges Ich-Erlebnis. Auf der Sonne nun erleben sie, wie Liebe, wie Gefühlskräfte vom Ätherleib des Menschen ausströmen, während sich im Ich-Erleben der Archangeloi die Weisheit des menschlichen Ätherleibes in Licht verwandelt.

In dem heutigen Entwicklungszustand der Erde stellt das Pflanzenreich in seiner Beziehung zum Kosmos eine Art Wiederholung desjenigen Zustandes auf tieferem Niveau dar, der dem gesamten planetarischen Zustand der alten Sonne das Gepräge gab.

3.4 Der alte Mond

Auf dem alten Mond nehmen die differenzierenden Kräfte weiter zu. Aus rhythmischem Zusammenwirken wird Entgegensetzung. Indem sich höherentwickelte Wesen aus dem Mond herauslösen und eine Sonne bilden, um ihren eigenen Entwicklungsgesetzmäßigkeiten zu folgen, kommt es zur Entgegensetzung. Denn «gewisse Wesenheiten, welche dem Mondenkörper angepaßt waren, bemächtigten sich des ihnen zur Verfügung stehenden Willenselementes ... und entwickelten dadurch ein Eigenleben, das sich unabhängig gestaltet von dem Sonnenleben. Es entstehen neben den Erlebnissen des Mondes, die nur unter dem Sonneneinflusse stehen, selbständige Mondenerlebnisse; gleichsam Empörungs- und Auflehnungszustände gegen die Sonnenwesen» (GW, S. 192).

In diese Empörungszustände wird auch der Mensch, dem am Anfang der alten Mondenentwicklung der Astralleib von den Geistern der Bewegung verliehen wurde, mit hineingezogen. Das hat zur Folge, daß er einerseits ein der Sonne zugekehrtes Sonnenleben führt, im Laufe dessen er in Seligkeit an die Wirksamkeit der Hierarchien hingegeben ist, die von der Sonne aus auf ihn wirken. Sein Bewußtsein ist jedoch matt. Es belebt sich erst, wenn das Ende solcher Sonnenzeiten herankommt; die Bilder, die dann im Astralleib des Menschen auftauchen, bewirken, daß er sich selbst zu fühlen und zu empfinden beginnt.

Diese Unterscheidung, die sich gegenüber dem «Sonnenbewußtsein» geltend macht, wird von den Geistern der dritten Hierarchie für den Menschen vollzogen. Der dem Menschen von den Geistern der Bewegung verliehene Astralleib ist es insbesondere, in dem sich diese Wirkungen vollziehen. Hier wirken die Geister der Persönlichkeit persönlichkeitsbildend; das heißt, im Astralleib erlebt der Mensch durch sie nicht nur Lust und Schmerz, sondern er bezieht sie auch auf sich.

Es sind insbesondere die Angeloi, durch welche die von den Geistern der Persönlichkeit ausgeübte Wirkung eine Verstärkung empfängt. Die Angeloi erleben auf dem alten Mond ihre Menschenstufe, indem sie in der Spiegelung an den menschlichen Astralleibern ihr Ich erleben. Der Mensch vermag seine Sinne noch nicht zur Wahrnehmung einer äußeren

Welt zu verwenden, aber dadurch, daß die Angeloi sie zum Instrument ihres Icherlebens machen, empfängt der Mensch sein Mondenbewußtsein. «Was durch diese Spiegelung diese ‹Söhne des Lebens› wahrnahmen, das gab diesen ihr ‹Ich-Bewußtsein›. Und was durch die Spiegelung im menschlichen Astralleib erregt wurde, das eben sind die Bilder des dumpfen, dämmerhaften Mondenbewußtseins» (GW, S. 208f.).[20]

Indem die Söhne des Lebens, die Angeloi, die Sinne des Menschen zum Instrument ihres Icherlebens machen, entsteht in dessen physischem Leib die «Anlage des Nervensystems. Die Nerven stellen sich gleichsam dar wie Fortsetzungen der Sinne nach dem Inneren des menschlichen Leibes» (GW, S. 209).

Es wird nicht erstaunen, daß sich im Zusammenhang mit den entgegengesetzten Wirkungen, denen der Mensch auf dem Mond ausgesetzt ist, auch eine leibliche Gliederung ergibt. Dieser Leib hat sich mittlerweile bis zum wäßrigen Element verdichtet, das heißt, er wird aus drei Elementen, der Wärme, der Luft und dem Wäßrigen, gebildet. Hingegen hat die Sonne bei ihrem Herausgang aus dem Mond das wäßrige und damit dichteste Element der damaligen Entwicklung nicht mitgenommen. Während nun ein Teil des Menschenwesens das Leben mitlebt, das durch die Sonne angeregt ist, «gelangen ... der physische Leib und der Lebensleib zu einer gewissen Größe und Gestaltung» (GW, S. 204). Dies ist möglich, weil der Astralleib des Menschen so aus dem physischen Leib und Ätherleib herausgezogen ist, so daß die Sonneneinflüsse direkt auf diese wirken können. Wenn das Menschenwesen hingegen dem Mondenleben und seinen Bewußtseinsbildern zugewendet ist, «erhebt sich [wie] eine Art Kopf» aus seinem Sonnenanteil. Letzterer «gestaltet sich als Ausdruck und Träger des menschlichen dumpfen Bewußtseinslebens» (GW, S. 201). In diesem Bewußtseinsleben ist das menschliche Wesen «mit seiner eigenen Natur beschäftigt» (GW, S. 204). Dieser Kopf und die Verfeinerung des Sinnes-Nerven-Systems bilden sich leiblich unter dem Einfluß der dritten Hierarchie aus, insbesondere der Söhne des Lebens, die im menschlichen Astralleib arbeiten.

Die auf dem Monde vorhandene Entgegensetzung der eigentlichen Mondennatur des Menschen und seiner Sonnennatur entsteht durch das beginnende Eigenbewußtsein des Menschen, das allerdings zunächst vollkommen von der dritten Hierarchie abhängig ist. Dabei wird deutlich, daß es die Herbeiführung des Eigenbewußtseins in seiner Entgegensetzung zum Sonnenbewußtsein ist, welche die verschiedenartigen Entwicklungen von Menschenwelt (Mond) und Sonnenwelt notwendig gemacht hat. Auf der alten Sonne und dem alten Saturn war diese Entgegensetzung noch nicht in diesem Maße vorhanden. Menschenwesen und Welt (Hierarchien) waren weitgehend ungeschieden. Zugleich geht diese Entgegensetzung mitten durch die Natur des Menschen hindurch: Mit den wechselnden Bewußtseinszuständen gehen wechselnde leibliche Zustände einher, die wie eine Art Vorformen von Geburt und Tod erscheinen.

In dem heutigen Entwicklungszustand der Erde stellt das Tierreich in seiner Beziehung zum Kosmos eine Art niederes Abbild der planetarischen Konstellation des alten Mondenzustandes dar.

3.5 Saturn-, Sonnen- und Mondprozesse als Urbilder des Wollens, Fühlens und Denkens

Überblickt man die drei Schauplätze der Weltentwicklung vom Saturn bis zum Mond, für die nun hier in ziemlicher Kürze ein charakteristisches Bild zu entwerfen versucht wurde, so kann man in ihnen eine allgemeine Gesetzmäßigkeit der Evolution erkennen, die Rudolf Steiner mit folgenden Worten beschreibt: «Darauf beruht ja alle Entwickelung, daß erst aus dem Leben der Umgebung selbständige Wesenheit sich absondert; dann in dem abgesonderten Wesen sich die Umgebung wie durch Spiegelung einprägt und dann dies abgesonderte Wesen sich selbständig weiter entwickelt» (GW, S. 191).

Absonderung geschah auf dem Saturn, als das Opfer der Throne den Geistern der Persönlichkeit zur Menschwerdung diente. Es wurde Spiegelungsorgan der Umgebung, bis dann auf der alten Sonne selbständiges Leben im Abgesonderten entstand. Dadurch wurde rhythmische Bewegung und Austausch zwischen der Sonne und ihrer Umgebung möglich. Auf dem Mond beginnt die selbständige Weiterentwicklung der Schöpfung, besonders in der Kopf- und Nerven-Sinnes-Organisation des Menschen.

Saturn, Sonne und Mond sind das gewaltige Urbild der Entwicklungsgesetzmäßigkeit der irdischen Schöpfung. Sie fächern in ihrer Dreiheit auf, welche Schritte im Übergang vom Geistig-Wesenhaften zur physischen Erscheinungswelt notwendig sind, wenn Entwicklung stattfinden und selbständige Wesen entstehen sollen. Sie fächern aber zugleich in ihrer Dreiheit die Urbilder der Art und Weise auf, wie sich das heutige mikrokosmische Menschen-Ich in Wollen, Fühlen und Denken erleben lernen kann.

Die Seelenkräfte des Menschen müssen sich auch heute am physischen Menschenleib spiegeln, weil sie nur dadurch bewußt werden können. Aber dies geschieht in verschiedener Weise, denn die Beschaffenheit des Spiegels entspricht in unterschiedlicher Weise jeweils dem, was sich darin spiegelt. So spiegelt sich der Wille, dessen kosmisches Urbild das dunkle Willenswärmewesen des alten Saturn ist, in der physischen Stoffwechsel-Gliedmaßen-Organisation. Man kann dieses Gebiet des

Physischen auch dasjenige der «offenen», das heißt gestaltbaren Stoffe nennen; Stoffwechselprozesse sind Wärmeprozesse. Der geistige Inhalt des Willens steht zu ihnen in einem solchen Verhältnis wie einst der Wesenskosmos zum Wärmeleib des Saturn, den zartesten Anfängen des Stofflichen. Im Willen liegt, damals wie heute, der geistige Keim, der in Zukunft mehr und mehr zur Erscheinung kommen will. Das Willenserlebnis des Ich ist Teil des mikrokosmischen Abbildes der Kräfte, die den physischen Leib des Menschen auf dem alten Saturn geschaffen und gestaltet haben.

Das Urbild des menschlichen Fühlens ist die im Licht erglänzende alte Sonne in ihren rhythmisch-pulsierenden Bewegungen. Im Geben und Nehmen von Geistern der Weisheit und Erzengeln entsteht das Licht. Die Archai erleben auf der Stufe ihrer Engelentwicklung, wie die Liebe den menschlichen Ätherleibern entströmt, die noch höhere Wesen in sie hineingegeben haben. Auf der alten Sonne besteht Harmonie zwischen dem geistigen Wesenskosmos und der Welt der Erscheinung, in der das Eigenleben begonnen hat. Diese Harmonie lebt auch im Hintergrund des menschlichen Fühlens, das sich am Ätherleib im Zusammenhang mit den rhythmischen Blut- und Atmungsprozessen des physischen Leibes spiegelt. Das Fühlen lebt *zwischen* Willens- und Gedankenpol und vermittelt beide. Genauso begegnen sich das mehr dem Stoffwechsel zuzuordnende Blut und die stark in die Gehirnprozesse hineinwirkende Atmung im rhythmischen System und tauschen sich aus.

Das Gefühlserlebnis des Ich ist Teil des mikrokosmischen Abbildes der Kräfte, die auf der alten Sonne den Ätherleib erschaffen und gestaltet haben.

Das Urbild des Denkens sind die Vorgänge des alten Mondes, durch die im Zusammenhang mit der Bildung des menschlichen Astralleibes Differenzierung und Absonderung bewirkt wird. Es entsteht mit dem Nerven-Sinnes-System des Menschen ein Bereich, der sich emanzipiert hat von der Sonne. Dieser Bereich, der die Emanzipation des Physischen von seinem Ursprung im seelisch-geistigen Sonnenbereich bewirkt und dessen leiblicher Ausdruck die Anlage des physischen Gehirns des Menschen ist, bereitet die selbständige Entwicklung des Menschen auf der Erde vor.

Man kann auch sagen: In der physischen Gehirnanlage des Menschen hat sich der Geist, der sich auf dem Saturn in Schöpfungsprozessen nur spiegelte und der auf der Sonne in lebendige Wechselbeziehung zum physischen Kosmos getreten war, auf dem alten Mond weitgehend von seinem Ursprung abgesondert und in die Stoffeswelt hineinverwandelt. Das heißt, daß hier die Evolution der Erscheinungswelt so weit fortgeschritten ist, daß sie an dieser Stelle zur Ruhe gekommen und eine Art verselbständigtes Abbild des Schöpfergeistes geworden ist.

Diese Absonderung eines Teiles des Geistig-Wesenhaften in die Erscheinungswelt des alten Mondes hinein ist das makrokosmische Urbild dessen, was mikrokosmisch auf der Grundlage des selbständigen Astralleibes im Zusammenhang mit der irdischen Nerven-Sinnes-Organisation den Menschen zu einem individuellen denkenden Wesen macht. Auf der Grundlage des Mondenaspektes seines Wesens, urbildlich gesprochen, kann sich das menschliche Ich später als eigenständiges Wesen im Denken bewußt ergreifen lernen.

4. MENSCHEN-ICH UND WELTEN-ICH

4.1 Die Entstehung des Ich

Die vierte Entwicklungsstufe der kosmisch-planetarischen Evolution, der heutige Erdenzustand, ist der Schauplatz der menschlichen Ich-Entwicklung. Indem dem Menschen auf der Erde das Ich zukommt, geschieht etwas, das kein Vorbild in einem der früheren Erdzustände hat. Mit dem Ich wurde dem Menschen das als Keim von den von der Sonne aus wirkenden Geistern der Form eingepflanzt, was die Harmonisierung und Verwandlung der auf der Erde weiterwirkenden Kräfte der vergangenen Evolution bewirken soll.

Das Ich des Menschen, sein innerstes Wesen, das bis dahin noch im Schoße der höheren Hierarchien geweilt hatte, wird in der lemurischen Epoche der Erde durch die Geister der Form so mit der Erdentwicklung verbunden, wie der Astralleib des Menschen mit dem Mond, der Ätherleib mit der Sonne und der physische Leib mit dem Saturn verbunden waren.

Indem sich das Ich mit dem Menschenvorfahren verbindet, verdichtet sich dessen physischer Leib in der Folge bis zum erdigen Element. Seine Organisation erhält von nun ab eine in sich abgeschlossene Form. Sie wird in dieser von Lebenskräften aufrechterhalten, die durch dieselben Wesen gegeben werden, aus deren Geistesfeuer auch das menschliche Ich stammt. Dadurch hat der Mensch das Erlebnis, daß ihm sein inneres Wesen als äußeres Wesen im physischen Leib und dem diesen durchziehenden Ätherleib entgegentritt. «Nun trat ihm dieses ‹Ich› ebenso während der physischen Verkörperung entgegen, wie das andere, was um ihn war während dieser Zeit. Selbständige Abbilder des seelisch-geistigen Menschenwesens waren nunmehr auf der Erde» (GW, S. 230).

Wenn der Urmensch in dieser Zeit seiner leiblichen Organisation gewahr wurde, so erlebte er die Gestaltungskräfte der Geister der Form in seinen Hüllen. Diese vermittelten ihm ein Bewußtsein davon, wie seine leiblichen Hüllen und die sie durchwebenden Seelenkräfte Denken, Fühlen und Wollen mikrokosmische Abbilder der großen makrokosmischen Schöpfungsprozesse von Mond, Sonne und Saturn sind. Er erlebte sich als Abbild der Welt und fühlte sein Ich in Verbindung mit den Schöpferkräften des Makrokosmos (siehe GW, S. 246).

Man kann den neuen Entwicklungsimpuls, der mit dem menschlichen Ich in die Erde eingesenkt worden ist, so charakterisieren: Durch die Zusammenfassung und Belebung der menschlichen Leibesform durch die Wirksamkeit der Geister der Form ist die gesamte Leibesorganisation des Menschen zu einem in sich geschlossenen mikrokosmischen Abbild der Bildeprozesse der Weltentwicklung geworden. Mit dem Menschen-Ich aber hat sich der Geist als Geist, als ein Tropfen aus dem rein geistigen Ursprung der Welt im Innenwesen der Hierarchien, in die geschaffene Welt hineinbegeben. Er tritt dort als das innere Zentrum des dreigliedrigen Menschen auf, das sich später als waches Selbstbewußtsein, unabhängig von der Wirksamkeit der dritten Hierarchie, die seit dem Mond im Inneren der menschlichen Hüllen lebte, entfalten wird.

Dieses menschliche Innere erlebt sich zu Beginn der Erdenentwicklung gerade dadurch, daß es sich durch die Wirkung der Geister der Form in seinem Abbild, seinem physischen und ätherischen und in seinem astralischen Leibe wiedererkennt.

Mit dem Ich als dem Inneren des Menschenwesens ist dasjenige in die vom Saturn her sich entwickelnde Schöpfung getreten, was durch die Erkenntnis der eigenen Seele in ihrem Bezug zu den leiblichen Hüllen zur Erkenntnis dieser Schöpfung und zu ihrer Verwandlung in der Zukunft führen soll. Dadurch, daß sich das Ich als das vierte Wesensglied nicht dem Kreis der dreifachen Schöpfung einfach angliedert, sondern ihr Inneres bildet, ist seine Bedeutung eine herausragende.

4.2 Die Welt der Vorsehung (die Urbilderwelt)

Insofern das Ich rein geistiger Natur ist, ist es zutiefst verbunden mit den ewigen Absichten und Zielen, aus denen heraus die höheren Hierarchien auf dem alten Saturn die Evolution des Kosmos in Gang brachten. Bereits vor den ersten Anfängen der äußeren Schöpfung lebten in den Wesenheiten der höheren Hierarchien die geistigen Pläne der künftigen Weltepochen.

Rudolf Steiner bezeichnet die hohe geistige Region, «in welcher aus geistigen Ursachen heraus der Weltenplan gesponnen wird» (GW, S.428), als die Welt der Vorsehung.[21] An anderer Stelle verwendet er zu ihrer Kennzeichnung auch die Namen «Welt der Urbilder»[22] beziehungsweise «Buddhi-Plan»[23]. Diese Welt stellt man sich am besten als eine hohe Bewußtseinsform der Hierarchien vor. Sie befindet sich, räumlich gesprochen, oberhalb der Region der Gedankenkeime des oberen Devachan und geht aller Schöpfung in den Reichen der drei Welten (der physischen Welt, der Seelenwelt und den Regionen des oberen und unteren Geisterlandes) voraus.

Die Gebilde der drei Welten sind in gewissem Sinne durch die Hierarchien geschaffene äußere Abbilder der ungeschaffenen Urbilderwelt. Diese Abbilder sind in den Regionen des Geisterlandes am vollkommensten, da diese aus reiner Gedankensubstanz bestehen. Die Substanzen der seelischen Welt und der physischen Welt dagegen sind dem Wesen der Urbilderwelt stärker entgegengesetzt, so daß in diesen Welten nur sehr unvollkommene Abbilder entstehen können.

Aus diesem Grund kann man, wie dies zum Beispiel in den Darstellungen Rudolf Steiners in dem Buch «Theosophie» der Fall ist, auch die Gebilde des Geisterlandes als «Urbilder» bezeichnen. Denn das Geisterland ist innerhalb der drei Welten eine Art Spiegelbild und äußerer «Statthalter» der hohen Urbilderwelt und verhält sich zu den Welten der Seele und des Physischen ähnlich wie die Urbilderwelt zur Schöpfung insgesamt.

Auch die Betrachtung des nachtodlichen Lebens des Menschen kann etwas zum Verständnis der Welt der Vorsehung beitragen. Wenn der

Mensch beim Durchgang durch die Seelenwelt alles abgestreift hat, was seinen Geist an die physische Welt des verflossenen Lebens kettet, steigt er auf in die Regionen des Geisterlandes. In der Mitte des Lebens zwischen Tod und neuer Geburt erhebt sich der Mensch schließlich bis in die höchsten Regionen des Geisterlandes und erlebt dort dasjenige, was Rudolf Steiner die Weltenmitternachtsstunde des nachtodlichen Daseins nennt.

Aus der Beschreibung, die Rudolf Steiner in der «Theosophie» von dieser Region gibt, wird deutlich, daß dieser Bereich eine Art äußerster Grenze der drei geschaffenen Welten darstellt. «Die siebente Region des Geisterlandes führt an die Grenze der ‹drei Welten›. Der Mensch steht hier den «Lebenskernen» gegenüber, die aus höheren Welten in die drei beschriebenen versetzt werden, um da ihre Aufgaben zu vollbringen. Ist der Mensch an der Grenze der drei Welten, so erkennt er sich somit in seinem eigenen Lebenskern. Das bringt mit sich, daß die Rätsel dieser Welten für ihn gelöst sein müssen. Er überschaut also das ganze Leben dieser Welten.»[24]

Erst jenseits dieser Grenze liegt die Welt der Vorsehung, die wie das innerste Herz aller geistigen Wesen ist und aus der die Hierarchien für ihre Arbeit an den drei Welten «selber ihre Kräfte schöpfen».[25]

So erlebt der Mensch seinen aus der Welt der Vorsehung stammenden Lebenskern normalerweise nur durch die Vermittlung der mannigfachen «Umhüllungen» aus den Reichen der drei Welten. Denn auch im nachtodlichen Leben vermitteln die Wesenheiten der höheren Hierarchien dem Menschen die Impulse dieses Bereiches, eingehüllt in Abbilder aus den Substanzen der seelischen und geistigen Welten: «Allerdings empfängt der Mensch auch Einflüsse aus noch höheren Welten im Laufe seiner Entwickelung zwischen dem Tode und einer neuen Geburt; aber diese Einflüsse erfährt er nicht direkt; die Wesen der geistigen Welt führen sie ihm zu» (GW, S. 427). Nur durch eine individuell erarbeitete Beziehung zur Christus-Wesenheit wird es dem Menschen möglich, sich in der Welt der Vorsehung unmittelbar in seinem Wesenskern zu erkennen. Dies ist Rudolf Steiner zufolge beispielsweise bei den hochentwickelten Menschen, die als «Bodhisattvas» bezeichnet werden, der Fall.[26]

In der Welt der Vorsehung leben die höheren Hierarchien bereits vor der Epoche des alten Saturn im Anblick eines höchsten, allumfassenden

Wesens, der Christus-Wesenheit, die als das Welten-Ich die Entwicklung des gesamten Kosmos durch das Wirken aller Hierarchien lenkt und führt. Die von Anfang an bestehenden Götterziele, der Weltenplan, sind die Ausstrahlungen seines Wesens. Dieses Welten-Ich verhält sich zu den makrokosmischen Entwicklungszuständen der Erde ähnlich wie das menschliche Ich zu seiner mikrokosmischen Leibesorganisation.[27] Aus dem Reiche des Welten-Ich wurden die Menschen-Iche in der Form der «Lebenskerne» in den geschaffenen Kosmos versetzt, um sich dort zu entwickeln und zu lernen, schöpferisch an der Weiterentwicklung des Kosmos zu arbeiten

Die ausführliche Charakteristik der Urbilderwelt an dieser Stelle ist notwendig, weil die im folgenden zu schildernde Ich-Entwicklung auf der Erde im Zusammenhang mit dem Welten-Ich des Christus erst durch ihre Berücksichtigung in eine angemessene begriffliche Form gebracht werden kann. Die folgenden Ausführungen sollen zeigen, daß die Entwicklung des menschlichen Ich auf der Erde seit der lemurischen Zeit dadurch verständlich werden kann, daß man sie stets in ihrem Verhältnis zu dem Welten-Ich in der Urbilderwelt zu sehen versucht, dessen mikrokosmisches Abbild das Menschen-Ich ist.[28]

4.3 Der Sündenfall

Was in der lemurischen Zeit von den Geistern der Form als Keim in den Menschen hineingesenkt worden war, hätte sich nicht zu dem entwickeln können, wozu es im Sinne der Welt der Vorsehung veranlagt war, wenn nicht das Ereignis im Laufe der Erdenentwicklung eingetreten wäre, das in der Bibel als der «Sündenfall» geschildert wird. Der Mensch brauchte für seine Entwicklung zu einem freien, individuellen Ich-Wesen eine Verinnerlichung und Absonderung, die nur durch eine vorübergehende Abtrennung von den kosmischen Urbildern seines Wesens erreicht werden konnte. Um das zu bewirken, griffen geistige Wesenheiten in die Entwicklung des Menschen ein, die sich selbst in einer «unregelmäßigen Mondenentwicklung» befanden, das heißt, die die Empörungszustände gegen die Sonnenwesen, welche bereits auf dem alten Mond Platz gegriffen hatten, nun in verstärkter Form auf der Erde fortsetzten. Es sind dies die luziferischen Wesenheiten.

Nachdem sich die Sonne aus der Erde herausgelöst hatte, verselbständigten diese Wesen den menschlichen Astralleib und die mit ihm verbundene Anlage des Nerven-Sinnes-Systems. Dadurch wurde das Bewußtsein des Menschen «des Charakters eines bloßen Spiegels des Weltalls entkleidet». Im Astralleibe war die Möglichkeit entstanden, «von diesem aus die Bewußtseinsbilder zu regeln und zu beherrschen. Der Mensch wurde der Herr seiner Erkenntnis. Andererseits aber wurde der Ausgangspunkt dieser Herrschaft eben der Astralleib; und das diesem übergeordnete ‹Ich› kam dadurch in stetige Abhängigkeit von ihm» (GW, S. 248). Der noch zarte Keim des Ich als das Innerste und Geistigste des Menschen band sich so mittels des Astralleibes immer stärker an die äußere Leiblichkeit und an die immer mehr zum selbständigen Abbild des Geistes werdende physische Welt.

Durch dieses Unvermögen, die geistigen Sonnenwirkungen im eigenen Wesen und in der Welt weiterhin zu erkennen, kam der menschliche Wille immer mehr unter den Einfluß der ahrimanischen Wesenheiten. Diese hatten bereits auf der alten Sonne eine Einseitigkeit in der Evolution veranlagt, indem sie danach strebten, das Eigenleben der Sonnenwesen von dem Leben des kosmischen Umkreises abzutrennen. Durch den Einfluß der luziferischen Wesen auf den menschlichen Astralleib wurde das Bewußtsein des Menschen, insbesondere sein Wahrnehmen und Wollen, auch für die Einflüsse von seiten der ahrimanischen Wesenheiten geöffnet, «welche dahin wirkten, daß der Mensch sich in die sinnlich-physische Welt in einer ungeistigen Art hineinlebte» (GW, S. 269f.).

Man kann diesen folgenschweren Vorgang ein Zusammenbrechen der Verbindung zwischen Innenwelt und Außenwelt, zwischen menschlichem Ich und Welten-Ich nennen. Dadurch konnten Denken, Fühlen und Wollen nicht mehr in Harmonie miteinander wirken. Durch das Absondern der Gedanken und Vorstellungen von der Wahrnehmungswelt durch die luziferischen Mächte entstand im Menschen die Anlage des unabhängigen Selbstbewußtseins. Durch die einseitige Verstrickung des Willens in die bloß sinnlich-physisch erscheinende Welt durch die ahrimanischen Mächte wurde der spätere freie Wille veranlagt. Für die damalige Zeit bedeutete jedoch das Zusammenbrechen der Beziehung des Menschen zum Welten-Ich die Gefahr des vollständigen Verlustes der Beziehung zwischen dem Erdenmenschen und den kosmischen Urbildern seines Wesens. Mit den geistigen Urbildern, die dem Menschen jetzt unwahrnehmbar wurden, waren aber die geistigen Richtkräfte seines Denkens, Fühlens und Wollens als eine Art «höheres Ich» verbunden. Sie stammten von den Geistern der Form.

Es hätte nun zu einer endgültigen Abtrennung von diesem geistigen Ich für das abgeschnürte Erden-Ich des Menschen kommen können, wenn nicht einer der Geister der Form sein Wirkensfeld auf den Mond verlegt hätte, um von dort aus die Bewußtseinsbilder des Menschen im Zusammenhang mit den Sonnenwesen zu erhalten. Ohne diese Maßnahme wäre der Mensch «zum Bewußtsein seines Ich, aber nur als eines ‹irdischen Ich› gekommen» (GW, S. 251).

Dieser Geist der Form, der von Rudolf Steiner mit dem Namen Jahve bezeichnet wird, wirkte vom Mond aus den Einflüssen der luziferischen und ahrimanischen Wesen im menschlichen Astralleib entgegen. Allerdings geschah die Wirkungsweise Jahves für den Menschen weitgehend so, daß sie vom Unbewußten her das Verhalten des Menschen bestimmte.[29] Während die luziferischen und ahrimanischen Wesenheiten den Menschen zu einer Art von Selbstherrlichkeit anstachelten, bewirkte

Jahve durch die Vermittlung der Vererbungskräfte ein Zurücktreten der Individualimpulse zugunsten einer eher passiven Entgegennahme von Impulsen des Gruppen- oder Stammes-Ich.

In diesem Zusammenhang ist es zu sehen, wenn Rudolf Steiner in der «Geheimwissenschaft» darauf hinweist, daß die Sonnenwesen einen Teil des Ätherleibes dem menschlichen Bewußtseinszugriff entzogen (GW, S. 251). Diese Tatsache wird in der Genesis mit der Vertreibung aus dem Paradies zum Ausdruck gebracht.[30] Um ein klares inneres Bild zu bekommen, kann man sich vorstellen, daß in der Zeit vor dem Sündenfall der Baum der Erkenntnis (Denken) und der Baum des Lebens (Wollen) in der Mitte des Gartens Eden ineinander verschlungen waren. Indem aber der Mensch eigenmächtig von den Früchten des Baumes der Erkenntnis aß, wurde dieser von dem Baum des Lebens abgetrennt und der individuelle Mensch aus dem Paradies vertrieben. Die Wirksamkeit des im Paradies befindlichen Baumes des Lebens entzog sich damit dem individuellen menschlichen Wachbewußtsein. Die Impulse des höheren Ich kamen dem Menschen nur noch auf dem Umweg durch das in seinem Blut wirksame Gruppen-Ich zu. So wurde ein Teil des geistigen Wesens des Menschen durch die Geister der Form auf der Sonne bewahrt, während für den irdischen Menschen, je stärker der luziferische und ahrimanische Einfluß wurde, Irrtum, Krankheit und Tod als Folge auftraten.

Die Bewußtseinsgrenze, die nun zwischen der physischen und der geistigen Welt aufgerichtet war, bewirkte, daß es für den Menschen immer unmöglicher wurde, den Übergang zwischen Wachen und Schlafen in selbstverständlicher Weise zu vollziehen. Das bedeutete auch, daß er sein physisches Erdenleben nicht mehr «wie eine Fortsetzung des leibfreien Daseins fühlen konnte» (GW, S. 250). Aber auch wenn er nach dem Tode in der geistigen Welt war, geschah es mehr und mehr, daß die geistige Welt begann, sich «ähnlich mit einem Schleier zu verdecken wie für den physischen Blick auf Erden» (GW, S. 252).

4.4 Die atlantischen Mysterien

Parallel zu der fortschreitenden Entwicklung der Menschheit, die von der lemurischen Epoche, in welcher dem Menschen das Ich verliehen wurde, über die atlantische Zeit zur heutigen nachatlantischen Zeit führt und die gekennzeichnet ist davon, daß die Beziehung des menschlichen Denkens, Wahrnehmens und Handelns zur bloß physisch erscheinenden Welt allmählich so stark wurde, daß sich der Mensch auch nach dem Tode nicht mehr in der geistigen Welt fühlen konnte, sondern «zu einem Schattendasein … verurteilt» war (GW, S. 288), ging die Entwicklung der Mysterienkultur.

In den Mysterien aller Zeiten und Völker sorgten die Eingeweihten dafür, daß die Verbindung zur geistigen Welt für die Menschheit nicht vollständig abreiße. Sie waren mit dem Sinn der Erdenentwicklung, insbesondere mit dem Geheimnis des Sündenfalles, vertraut und bereiteten eine zukünftige Zeit vor, in welcher der Mensch aus innerer Kraft und freiem Willen den ursprünglichen Zusammenhang des Mikrokosmos mit dem Makrokosmos wiederherstellen können würde.

An den Mysterien der atlantischen Zeit, die Rudolf Steiner in der «Geheimwissenschaft» als «Orakel» bezeichnet, kann man aber auch ablesen, wie sich der Sündenfall ausgewirkt hat. So gab es auf der alten Atlantis zwei verschiedene Mysterienströmungen. Auf der einen Seite standen die Saturn-, Mars- und Jupiterorakel. Sie waren benannt nach den Gottheiten, die vor, während und nach der Zeit der Sonnentrennung (die noch vor dem Sündenfall stattgefunden hat) die obersonnigen Planeten aus der Erde herausgelöst hatten und die nach dem Sündenfall in den ihnen zugeordneten Orakelstätten als höhere Iche der zu ihnen gehörenden Menschengruppen verehrt wurden. Die besonderen Kenntnisse der Saturn-, Mars- und Jupiterorakel bestanden darin, daß in ihnen die Geheimnisse des geistigen Ursprungs der menschlichen Seele, des menschlichen Astralleibes und bis zu einem gewissen Grade des menschlichen Ich enthüllt werden konnten. Es handelte sich um ein Wissen, das infolge der Einwirkung Luzifers für die allgemeine Menschheit immer mehr verhüllt worden war. «Luzifer verhüllte für den Menschen dasjenige aus der geistigen Welt, was in den menschlichen Astralleib ohne dessen Zutun bis zur Mitte der atlantischen Zeit eingeströmt war» (GW, S. 289).

In den Orakelstätten versetzte man sich nun in besondere Seelenzustände, für die der luziferische Einschlag keine Wirkung besaß. Nur dadurch war ein Wissen von dem, was «Luzifer verhüllte», möglich. Die Eingeweihten dieser Mysterienrichtung empfingen das höhere Wissen in der Form einer «Offenbarung von oben», «mehr in einem fertigen Zustande» (GW, S. 264). Zum Ausdruck wurden die Offenbarungen dadurch gebracht, daß die Eingeweihten sie in Sinnbilder faßten.

Ganz anders verhielt es sich mit den Eingeweihten der Vulkan-, Venus- und Merkurorakel, in denen die Götter als höhere Iche verehrt wurden, die in der Zeit nach der Sonnentrennung die untersonnigen Planeten Venus und Merkur sowie die geheimnisvollen Kräfte des Vulkan aus der Sonne herausgelöst hatten. Ihnen enthüllte sich das höhere Wissen nicht in der Form der Offenbarung, sondern eher in eigenen Gedanken. Daß dies möglich war, verdankten diese Eingeweihten «dem Umstande, daß sie alle jene Fähigkeiten, welche der Mensch seit jener Zeit erlangt hatte (seit dem Eingriff Ahrimans, d. Verf.), über das Maß hinaus in der Seele übten, durch welches die Eindrücke des sinnlich-physischen Daseins erzielt werden» (GW, S. 290). Dadurch enthüllten sich ihrem Wahrnehmen die Kräfte und Wesenheiten, «die in dem Natürlichen wirken, das unter dem Menschen steht. Was von Saturn, Sonne und dem alten Mond her fortgewirkt hat und des Menschen physischen Leib, seinen Lebensleib, seinen astralischen Leib gebildet hatte, sowie das mineralische, das pflanzliche, das tierische Reich ...» (GW, S. 290).

Indem der Wille des Menschen immer stärker in Ahrimans Einflußbereich gekommen war, erlebte er die bloße Außenseite der irdischen Erscheinungswelt immer mehr als die einzige Wirklichkeit. Die im Physischen wirkenden geistigen Sonnenkräfte blieben ihm verborgen. Die Eingeweihten dieses Mysterienstromes versenkten sich jedoch mit Hilfe der durch den Sündenfall gewonnenen Anlagen des Eigendenkens und der äußeren Sinneswahrnehmung, die sie gereinigt und weiterentwickelt hatten, indem sie sich gezielt freihielten «von den nach der bloßen Sinneswelt gelenkten Trieben und Begierden des astralischen Leibes» (GW,

S. 261), in die äußere Natur. Das vermochten sie, indem sie sich in besondere Seelenzustände versetzten.

Daran, daß es diese zwei verschiedenen Mysterienströme gab, die Rudolf Steiner zufolge in der nachatlantischen Zeit als der nördliche und der südliche Strom der Mysterien weiterlebten[31], sieht man, wie der Sündenfall auf die Menschheit gewirkt hat. Er hat den einheitlichen Weltzusammenhang nach zwei Seiten hin auseinandergerissen und verdeckt: nach der Seite der äußeren Natur einerseits und nach der Seite des Seelisch-Geistigen andererseits. Die Frage nach dem geistigen Ursprung des Ich des Menschen und seinem Zusammenhang mit der wahrnehmbaren Natur ist daher die Urfrage des Geisteslebens der Menschheit überhaupt seit dem Sündenfall in der lemurischen Zeit.

Wie ein flammendes Hoffnungszeichen, das auf der Erde die vollständige Erinnerung an die Menschheitsziele in der Welt der Vorsehung aufrechterhielt, standen auf der alten Atlantis in der Mitte zwischen den zwei beschriebenen Mysterienarten die Eingeweihten des Sonnen-Orakels. Weil sie durch ihre Einweihung verbunden waren mit dem «hohen Sonnenwesen», das in ihren Ätherleibern als ihr höheres Ich wirkte, konnten sie auch wissen, «wie sie geführt und gelenkt werden von jenem hohen Wesen, das die Führung hatte bei der Trennung von Sonne und Erde» (GW, S. 261) und das selbst das höchste der Sonnenwesen ist.

In den Eingeweihten der Sonnenmysterien lebte das Wissen um den ursprünglichen Zusammenhang des menschlichen Ich mit dem Welten-Ich, in dem Natur und Geist verbunden sind. In ihren Erlebnissen waren auch die Geheimnisse der anderen Orakel mitenthalten, die als auseinandergefallene Aspekte der in der Mitte stehenden Christusorakel gelten können. «Denn im Offenbarwerden des erhabensten Sonnengeistes wurden auch die Führer des Saturn, Jupiter usw. enthüllt» (GW, S. 270). So erlebten sie, indem sie sich in besondere Seelenzustände versetzten, in dem Welten-Ich den Sinn all dessen, was bis dahin in der Menschheitsentwicklung auf der Erde geschehen war.

Aber nur prophezeien konnten die Sonnen-Eingeweihten, daß sich dieser Sinn der Erde mit der Erde verbinden würde, um für alle Menschen sichtbar zu werden. «Was aber von den Mysterien nur prophezeit werden konnte, das war, daß in der Zeiten Lauf ein Mensch erscheinen werde mit einem solchen Astralleib, daß in diesem trotz Luzifer die

Lichtwelt des Sonnengeistes durch den Lebensleib ohne besondere Seelenzustände werde bewußt werden können. Und der physische Leib dieses Menschenwesens mußte so sein, daß für dasselbe offenbar würde alles dasjenige aus der geistigen Welt, was bis zum physischen Tode hin von Ahriman verhüllt werden kann. Der physische Tod kann für dieses Menschenwesen nichts innerhalb des Lebens ändern, das heißt keine Gewalt über dasselbe haben. In einem solchen Menschenwesen kommt das ‹Ich› so zur Erscheinung, daß im physischen Leben zugleich das volle geistige enthalten ist» (GW, S. 290f.).

Man wußte in den Sonnenmysterien, daß das Wesen, zu dem sich die Eingeweihten von zwei Seiten aus erheben, indem sie «entweder zu dem Geist des Übermenschlichen oder zu dem Wesen der Naturmächte» geführt wurden, als «die höchste Form des ‹Ich›» einst zur Erde kommen werde (GW, S. 291). Durch dieses Wesen sollte in Zukunft dasjenige, was der Menschheit vor dem Sündenfall wie ein Göttergeschenk eigen war und was in den alten Zeiten nur von den Eingeweihten in den Sonnenmysterien wieder erlangt werden konnte, für jeden Menschen aus eigener Kraft erreichbar werden. Damit wurde prophetisch auf dasjenige Geschehen hingedeutet, das sich in der Zeitenwende als das dreijährige Leben der kosmischen Christuswesenheit auf der Erde in dem Leibe des Jesus von Nazareth vollzog.

4.5 Das Leben der Christus-Wesenheit

In den Sonnenmysterien der atlantischen, aber auch der nachatlantischen Zeit erlebten die Eingeweihten in besonderen Bewußtseinszuständen das kosmische Welten-Ich. Aber sie sahen dadurch um so klarer, wie sehr die übrige Menschheit seit dem Sündenfall entfremdet war von ihrem ursprünglichen Zusammensein mit der geistigen Welt. Was dabei zugrunde lag, haben wir ein Zusammenbrechen der Verbindung zwischen Innenwelt und Außenwelt, zwischen dem Mikrokosmos und dem Makrokosmos, dem Menschen-Ich und dem Welten-Ich genannt.

Sie sahen aber voraus, daß sich das Ich des ganzen Kosmos, das Welten-Ich des Christus, in der physischen Erdenwelt inkarnieren würde. Nur dadurch konnte sich die Wiedervereinigung der hohen geistigen Welt der Urbilder (der Welt der Vorsehung), in der auch das Ich des Menschen urständet, mit dem, was als Erscheinungswelt seit dem alten Saturn aus dieser Welt hervorgegangen war, auf der Erde verwirklichen. Christus, das «hohe Sonnenwesen» (GW, S. 258), verband so durch sein menschliches Leben in dem Leibe des Jesus von Nazareth auf der Erde die rein geistige Sonne mit der Evolution der Erde.

Das dreijährige Leben der Christus-Wesenheit auf der Erde bestand in dem schrittweisen Sich-Vereinigen seines makrokosmischen Ich-Wesens mit dem Astralleib, dem Ätherleib und dem physischen Leib des Jesus von Nazareth. In dem Augenblick seines Lebens, «in welchem der Astralleib des Christus Jesus alles das in sich hatte, was durch den luziferischen Einschlag verhüllt werden kann, begann sein Auftreten als Lehrer der Menschheit» (GW, S. 292).

Es ist damit die Rede von der Taufe im Jordan, während der das Christus-Ich sich mit der Organisation des Jesus von Nazareth verband und wodurch sich in dessen Astralleib alles das enthüllte, was durch Luzifer verborgen gehalten wurde. Es offenbarte sich dem Jesus von Nazareth von diesem Zeitpunkt an die Weisheit von der Entstehung des menschlichen Astralleibes aus den Wesen der höheren Hierarchien, das heißt aber der kosmische Ursprung des Astralleibes des Menschen, wie er auf dem alten Mond geschaffen worden war. Damit war die Beziehung des menschlichen Denkens zu seinem kosmischen Urbild wiederhergestellt.

In der Verklärung auf dem Berge Tabor zeigte sich die Verbindung des Christus-Ich mit dem Ätherleib des Jesus von Nazareth. In diesem Augenblick, als das Sonnen-Ich des Christus den Ätherleib des Jesus durchleuchtete, «erstrahlte sein Antlitz wie die Sonne und seine Gewänder wurden weiß leuchtend wie das Licht selbst»[32]. Dieses Bild des Evangeliums deutet auf die Wiedervereinigung des menschlichen Ätherleibes des Jesus mit den kosmischen Ursprungskräften des Ätherleibes, aus denen er einst auf der alten Sonne geschaffen worden war, durch das Ich des Christus. Hier trug die Christuswesenheit die Kräfte des paradiesischen Lebensbaumes, die, seit dem Sündenfall durch die Mondenwirksamkeit Jahves verwaltet, dem individuellen Zugriff des Menschen entzogen waren, in das wache Erleben herein. Das menschliche Fühlen war dadurch mit seinem kosmischen Urbild neu verbunden.

«In jenem Augenblicke, da sich das Ereignis von Golgatha vollzog, war die andere Anlage in die Menschheit eingeimpft, wodurch der Einfluß Ahrimans zum Guten gewendet werden kann» (GW, S. 292). Was Ahriman verdeckt gehalten hatte, die geistigen Kräfte des physischen Leibes und der physischen Welt, das vereinigte der Christus im Mysterium von Golgatha wiederum mit den diesen zugrunde liegenden makrokosmischen Schöpferkräften des alten Saturn. Das war die Überwindung des unwahren Angesichtes des Todes. Der Wille des Menschen war mit seinem kosmischen Urbild wieder verbunden.

Unwahr war das Bild des Todes seit dem Sündenfall geworden, weil sich der Mensch im Angesicht der Sinneswelt und auch nach dem Tode immer mehr in der völligen Isoliertheit des Einzelseins erleben mußte, für das keine Verbindung zum geistigen Leben mehr möglich ist. Als «sich das ‹Mysterium von Golgatha› vollzogen hatte, als der ‹Tod des Kreuzes› erlitten war, da erschien der Christus in jener Welt, in welcher die Seelen nach dem Tode weilen, und wies die Macht Ahrimans in ihre Schranken. Von diesem Augenblicke an war das Gebiet, das von den Griechen ein ‹Schattenreich› genannt worden war, von jenem Geistesblitz durchzuckt, der seinen Wesen zeigte, daß wieder Licht in dasselbe kommen sollte» (GW, S. 292f.).

Indem der Christus sein Licht in die Welt des Todes gebracht hatte, vollzog sich in ihm die vollständige Wiederherstellung der Beziehung der menschlichen Organisation zu ihren makrokosmischen Schöpferkräften. Diese menschliche Organisation wurde in allen ihren Gliedern durch die Kraft des Auferstehungsleibes des Christus für die Menschheit wiederhergestellt. Damit ist in dem Leben des Christus in dem Leibe des Jesus von Nazareth der Keim dafür gelegt, daß jeder Mensch durch eigene innere Kraft die Wiederverbindung mit den durch den Sündenfall verlorengegangenen göttlichen Ursprungskräften seines Wesens erlangen kann.

Rudolf Steiner hat das Mysterium von Golgatha aber darüber hinaus mit Nachdruck als ein kosmisches Ereignis bezeichnet, als die Geburt des Christus-Ich für die ganze Erde.[33] Denn dieses Ereignis hat die kosmische Isolierung der materiellen Welt als solcher aufgehoben. Im Tod des Jesus von Nazareth hat sich erstmalig in der gesamten Weltentwicklung das volle Leben des Geistes aus der Welt der Vorsehung in die materielle Welt hineingesenkt. Das ist mit der Geburt des Christus-Ich für die Erde gemeint.

Dadurch hat nicht nur die Erde, sondern die gesamte materielle Welt begonnen, mehr zu sein als ein weisheitsvolles Abbild des Geistes. Sie ist seither durch das von der Erde ausströmende neue Leben im Prozeß der Umbildung in einen neuen Kosmos begriffen, in dem die Kraft der Liebe sich als neue Naturkraft offenbart.

Die Gestaltungskräfte des alten Mondes, durch die ein Kosmos der Weisheit entstanden war, verwandeln sich durch die Christus-Wesenheit vom Inneren des Menschen her in den Keim zu einem Kosmos der Liebe. «Was sich durch Saturn, Sonne und Mond als Weisheit vorbereitet hat, wirkt im physischen, ätherischen, astralischen Leib des Menschen; und es stellt sich dar als ‹Weisheit der Welt›; im Ich aber verinnerlicht es sich. Die ‹Weisheit der Außenwelt› wird, von dem Erdenzustande an, innere Weisheit im Menschen. Und wenn sie da verinnerlicht ist, wird sie Keim der Liebe. Weisheit ist die Vorbedingung der Liebe; Liebe ist das Ergebnis der im Ich wiedergeborenen Weisheit» (GW, S.416).

Aber im Verlaufe der Saturn-, Sonnen-, Monden- und Erdenentwicklung sind nicht nur die menschlichen Wesensglieder, sondern auch die verschiedenen Naturreiche der Erde entstanden. Auch sie werden in die

Weiterentwicklung des Kosmos durch die Handlungen des Menschen miteinbezogen werden. «In das Innerste des menschlichen Wesenskernes ist damit der Keim der Liebe gesenkt. Und von da aus soll er in die ganze Entwickelung einströmen. Wie sich die vorher gebildete Weisheit in den Kräften der sinnlichen Außenwelt der Erde, in den gegenwärtigen ‹Naturkräften› offenbart, so wird sich in Zukunft die Liebe selbst in allen Erscheinungen als neue Naturkraft offenbaren» (GW, S. 415).

4.6 Die Himmelfahrt

Die auf das Mysterium von Golgatha folgende Himmelfahrt der Christus-Wesenheit, wie sie in der biblischen Apostelgeschichte[34] geschildert wird, bedeutet, wie aus dem Bisherigen deutlich werden kann, nicht, daß sich das Sonnen-Ich des Christus wieder von der Erde und der Menschheit entfernt. Die Himmelfahrt deutet vielmehr auf die mit der Erde verbundene übersinnliche Sphäre, in welcher die Christus-Wesenheit die Urbilder des Menschen trägt und von der aus sie die Wesen aller Naturreiche einschließlich des Menschen auf geistige Weise mit dem Makrokosmos verbindet.

Diese geistige Sphäre kommt in dem Bild der Apostelgeschichte zum Ausdruck, demzufolge die Jünger an diesem Tage erleben, wie der Leib Christi von einer Wolke aufgenommen wird und ihrem Anblick zunächst entschwindet. Mit der Wolke ist an dieser Stelle die Ätherumgebung der Erde gemeint, in der die Christus-Wesenheit seit dieser Zeit in ihrer kosmischen Fülle weilt und aus der heraus sie sich seit dem Beginn des 20. Jahrhunderts der Menschheit in einer für die äußeren Sinne unwahrnehmbaren Weise offenbart.

Es ist durch die vorangehenden Ausführungen deutlich geworden, daß die Fragen nach dem Verhältnis von Ich und Welt sowie der Beziehung von Mikrokosmos und Makrokosmos heute nur durch die Einbeziehung von Tod, Auferstehung und der Himmelfahrt Christi für das menschliche Erkennen beantwortbar geworden sind. Denn durch diese Ereignisse ist das selbstbewußte menschliche Erkennen seit der Zeit des Sündenfalles erstmals wieder in die Lage gebracht worden, sich mit dem Welten-Ich zu vereinen und sich damit der Verbindung von Mikrokosmos und Makrokosmos aus eigener Kraft zu nähern.

In den im Jahre 1910 in Wien gehaltenen Vorträgen über «Mikrokosmos und Makrokosmos» beschreibt Rudolf Steiner sehr ausführlich, daß die Kräfte, aus denen in der modernen Einweihung das Imaginationsorgan im Menschen gebildet wird, aus der Urbilderwelt stammen: «Wir schöpfen unsere Verstandeskräfte aus der Vernunftwelt (dem oberen Devachan, d. Verf.). Wollen wir über diese hinausgehen, dann müssen wir die Kräfte dazu aus noch höheren Welten schöpfen. Da kommen wir zur imaginativen Welt.

Wir werden zu zeigen haben, was der Mensch für Organe braucht, um in die imaginative Welt hineinzuschauen, und wie aus der Welt der ewigen Urbilder diejenigen Kräfte herauskommen, die die Organe für das imaginative Bewußtsein bilden, so wie aus der Vernunftwelt die Kräfte kommen, die den Menschen zu einem geistig urteilenden Wesen machen.»[35]

Wie wir gesehen haben, steht die Urbilderwelt durch die Anwesenheit der Christus-Wesenheit auf der Erde in einem anderen Verhältnis zum Menschen als zuvor. Sie kann seitdem als der im tiefsten Inneren des eigenen Wesens gegenwärtige Ursprung des eigenen Ich erlebt und stufenweise zu Bewußtsein gebracht werden. Und nur aus der Beziehung zu diesem Inneren bildet sich die zeitgemäße Form der Imagination.

Durch die verschiedenen in der Anthroposophie beschriebenen Übungen zur Imagination in Verbindung mit der Ausbildung des Denkens erlangt der Mensch allmählich die Fähigkeit, den übersinnlichen Strom aus der Urbilderwelt, der sonst ungehindert durch ihn hindurchgeht, aufzuhalten und im Bereich seines Herzens eine Art gedanklich-imaginativer Schale für diesen Strom zu formen.[36] Hier entsteht die neue Art des «Herzensdenkens», dessen «Organ aus den Kräften des Urbilderreiches heraus gebildet wird»[37].

Durch die Menschwerdung des Christus-Wesens ist für das Denken des Menschen die kosmische Brücke gebildet worden zur hohen Welt der Urbilder. Seither ist das, was bei richtiger geisteswissenschaftlicher Schulung «als Imagination vor Augen treten kann ... ein Abbild der Urbilderwelt»[38].

Obwohl die Organe der Imagination durch das Aufhalten des geistigen Kräftestromes aus der Urbilderwelt entstehen, ist diese Welt auf dieser Stufe erst anfänglich erfahrbar. Die geistige Erfahrung dieser Welt wird erst allmählich durch das Durchschreiten der auf die Imagination folgenden Einweihungsstufen der Inspiration und der Intuition ermöglicht. Ist dies in ausreichendem Maße erfüllt, so kann dem in diesem Sinne weit fortgeschrittenen Menschen auf der Stufe der Intuition die Christus-Wesenheit als der geistige Urquell seines ganzen Einweihungsweges begegnen. Dadurch kommt sein bisheriger Weg zu einem gewissen

Abschluß, und er erlangt die volle Einsicht in den Zusammenhang von Mikrokosmos und Makrokosmos.[39]

Von dieser Stelle aus können sich die oben angeführten Worte Christian Morgensterns «die Welt ist nur eine Form des Menschen» noch mehr erhellen. Den Weg, auf den Morgensterns Worte weisen, zu begehen, bedeutet, einen Weg einzuschlagen, den die Christus-Wesenheit selbst durch ihre Menschwerdung und ihre Himmelfahrt der Menschheit gebahnt hat. Das Ich beginnt, die Welt als eine andere Form seiner selbst zu erleben, wenn im Menschen-Ich das Welten-Ich des Christus in ätherischer Gestalt aufzugehen beginnt. Man spürt, daß für die einfachen Worte, in denen Morgenstern sich ausdrückt, die Begegnung mit dem in der Äthersphäre der Erde lebenden Christus den Hintergrund bildet. Durch das Menschen-Ich hindurch ist das Ich des Christus mitgemeint. Christian Morgenstern wird diese Bedeutung 1895 geahnt haben. In seinem späteren Leben hat er die Anwesenheit der Christus-Wesenheit in ihrer ganzen Klarheit erfahren:

Licht ist Liebe

Licht ist Liebe … Sonnen-Weben
Liebes-Strahlung einer Welt
schöpferischer Wesenheiten –

die durch unerhörte Zeiten
uns an ihrem Herzen hält,
und die uns zuletzt gegeben

ihren höchsten Geist in eines
Menschen Hülle während dreier
Jahre: da Er kam in Seines

Vaters Erbteil – nun der Erde
innerlichstes Himmelsfeuer:
daß auch sie einst Sonne werde.[40]

5. DAS STUDIUM DER ANTHROPOSOPHIE

5.1 Die «Christusförmigkeit» der «Geheimwissenschaft im Umriß»

Blickt man hin auf die Entwicklung des Makrokosmos vom alten Saturn über die alte Sonne zum alten Mond, so offenbart sich in dieser umfassenden Entwicklung das Ich-Wesen des Christus. Denn die höheren Hierarchien haben, indem sie aus der Welt der Vorsehung «selber ihre Kräfte schöpfen», dem Ich-Wesen des Christus ein Abbild geschaffen in dem Willensleben des Saturn, dem Liebes-Lichtes-Kosmos der Sonne und der Gedankenweisheitswelt des Mondes.

Mikrokosmisch bringt sich das menschliche Ich zum Ausdruck in Wollen, Fühlen und Denken sowie in seinem physischen Leib, Ätherleib und Astralleib. Wie das menschliche Ich der Dreiheit seiner seelischen und leiblichen Grundlagen innewohnt und vorsteht und diese in seinem Sinne zu entfalten, zu lenken und aufeinander abzustimmen bestrebt ist, so kann man sich dasselbe in unvergleichlich höherer und umfassenderer Art für die Christus-Wesenheit vorstellen, die als alle Zeitenfolgen umspannendes Ich, vereint mit dem Vatergott, die Entwicklung des Sonnensystems lenkt und führt.[41]

Aus diesem Grunde ist die Christus-Wesenheit das große innere Zentrum der durch Rudolf Steiner erneuerten Sternenweisheit: «So stellt sich für die anthroposophische Weltanschauung in das ganze Tableau von Wiederverkörperung, vom Wesen des Menschen, Betrachtung des Kosmos und so weiter, das Christus-Wesen hinein wie ein Mittelpunkt.

Und wer im richtigen Sinne diese anthroposophische Weltanschauung betrachtet, der sagt sich: Ich kann alles das betrachten, aber verstehen kann ich es erst, wenn für mich das ganze Bild auf den großen Brennpunkt, den Christus, hinzielt. Ich habe verschieden gemalt die Wiederverkörperungslehre, die Lehre von den Menschenrassen, von der Planeten- Entwickelung und so weiter, aber ich habe hier von einem Punkt das Wesen des Christus gemalt, und dadurch wird über alles andere Licht verbreitet. Es ist ein Bild, das eine Hauptfigur hat, und alles andere wird darauf bezogen, und ich verstehe Bedeutung und Ausdruck der anderen Figuren nur, wenn ich die Hauptfigur verstehe.»[42]

In der «Geheimwissenschaft» selbst wird der Name des Christus erst bei der Schilderung des fortgeschritteneren Stadiums der Erdentwicklung ausdrücklich genannt, und zwar im Zusammenhang mit dem hohen Sonnenwesen, das die Menschen, die sich in der atlantischen Zeit in den Sonnenorakeln versammelten, als ihr höheres Ich verehrten. «Das Wesen, das in ihnen als ‹höheres Ich› lebte ... ist dasjenige, welches später, als die Menschen eine bewußte Erkenntnis von ihm erlangten, mit verschiedenen Namen belegt wurde und das den Gegenwartsmenschen das ist, in dem sich ihnen das Verhältnis offenbart, welches der Christus zum Kosmos hat» (GW, S. 258).

Dieses Verhältnis, das die Christus-Wesenheit als Ich des ganzen Kosmos zu diesem Kosmos hat, spiegelt sich aber, wie wir gesehen haben, schon in den Darstellungen der «Geheimwissenschaft» zum alten Saturn, zur alten Sonne und zum alten Mond. Man kann sich, um dies besser zu verstehen, beim Lesen dieser Darstellungen immer wieder fragen, wodurch es möglich ist, daß die ja sehr verschiedenartigen Wesenheiten der höheren Hierarchien in ihren Handlungen zu solcher Übereinstimmung kommen können, daß daraus ein Kosmos wie zum Beispiel der des alten Saturn in seiner ihm eigenen Gesetzmäßigkeit entstehen kann. Ferner kann man sich fragen, was es den Hierarchien ermöglicht, gemeinsam in mehreren planetarischen Stufen eine so umfassende Gesetzmäßigkeit zu gestalten, wie es diejenige ist, die vom Saturn über die Sonne und den Mond zur Erde führt. Das all diesen Entfaltungen zugrunde liegende geistige Band, das die Harmonie des Götterhandelns gewährleistet, ist das in der Welt der Urbilder lebende Ich des Christus, aus dem alle Hierarchien «selber ihre Kräfte schöpfen».

Im zweiten Kapitel wurde von der neuen Form gesprochen, die Rudolf Steiner dadurch schuf, daß er in der «Geheimwissenschaft» Gedanke und Imagination für die Darstellung so verbunden hat, daß es dem Leser, der das Dargestellte durchdenkt, möglich wird, zu erleben, wie hinter den lebendigen Gedanken die objektiven Imaginationen aufsteigen. Im Weltentwicklungskapitel erreicht diese Darstellungsform ein weiteres Stadium. In ihm bilden nicht mehr bloß einzelne Imaginationen den Hintergrund des Denkens, sondern sie sind wie eine ganze kosmische Sphäre als das Hauptelement erlebbar, in dem Saturn, Sonne, Mond und die Anfänge der Erdenentwicklung zum Ausdruck gebracht werden. Die Hierarchien und ihre Taten wären anders auch gar nicht angemessen zu beschreiben. Zugleich aber werden die Imaginationen weiterhin von Begriffen gehalten und getragen, weil sie nur durch die Zusammenfügung mit Begriffen verständlich sind.

Man kann sich das im Bild so vorstellen: Die kosmischen Imaginationen sind wie eine Sphäre überall um den Menschen herum da. Die Gedanken und Begriffe der «Geheimwissenschaft» schaffen zu ihnen dadurch den bewußten Zugang, daß sie wie zu Tastorganen werden, mit denen man die Imaginationen wie im Gedankenlichte ertastet. In diesem Ertasten beginnt der Gedanke wahrzunehmen, wie sich die Imaginationen gegenseitig halten und tragen. An anderer Stelle, wo es um die Art geisteswissenschaftlicher Beweise geht, kommt Rudolf Steiner auf dieses Tragen zu sprechen: «Sie sind gewöhnt, so zu beweisen, daß überall die sinnliche Wahrnehmung als Beweis aufgezeigt wird ... Die Wahrheiten, die sich auf den Geist beziehen, die *tragen sich eben gegenseitig*. Aber man muß nur auch spüren dieses gegenseitige Tragen.»[43]

Da die Imaginationen von den Hierarchien und ihren Taten in der Weltentwicklung selbst wiederum ätherische Abbilder der hohen Urbilderwelt sind, ist es auch möglich, zu sagen, daß es der Christus selbst ist, der, da er heute bis in den Äther hinein in der Welt anwesend ist, dort vom menschlichen Denken als das *Tragende*, als das *Leben* der Imaginationen, in denen die Hierarchien zum Ausdruck kommen, wahrgenommen werden kann.

Die Voraussetzung dafür, daß der durch das Christusleben noch in der ersten Hälfte der vierten nachatlantischen Kulturepoche entstandene neue Entwicklungskeim von größeren Teilen der Menschheit verstanden und aufgegriffen werden konnte, wurde aber erst im letzten Teil der vierten und dem Anfang der fünften nachatlantischen Kulturepoche geschaffen. Das Wesentliche dieses Zeitraumes bestand darin, «daß durch das Abgeschlossensein der Seele von einem unmittelbaren Verkehr mit der seelisch-geistigen Welt der Mensch gestärkt und gekräftigt wurde in den Verstandes- und Gefühlskräften» (GW, S.404).[44] In dieser Zeit trat die durch die Blutsbande vermittelte Jahve-Wirksamkeit immer vollständiger zurück. Der Mensch sollte sich jetzt voll auf die eigenen Füße stellen und sich als individuelles und selbstverantwortliches Wesen unabhängig von alten Gruppenbanden erleben lernen. Der im ersten Kapitel geschilderte Verzicht Michaels auf die Verwaltung der kosmischen Intelligenz «vom Himmel aus» in den nachchristlichen Jahrhunderten steht in diesem Zusammenhang.

Erst nach Ablauf eines Teiles der fünften nachatlantischen Kulturepoche, dem Zeitalter der Bewußtseinsseele, das 1413 begonnen hat, wollte Michael wieder in ein unmittelbares Verhältnis zum menschlichen Denken treten. Mit dem Beginn des neuen Michael-Zeitalters im Jahre 1879 ist es möglich geworden, die Entwicklungskeime, die in der Zeitenwende in den Menschen hineingelegt wurden, für das Bewußtsein der allgemeinen Kulturentwicklung fruchtbar zu machen. Denn nun ist der Mensch endgültig fähig geworden, selbständig bis zum Grund seines Eigenwesens durchzustoßen. Jetzt kann er einen Entwicklungsweg gehen, auf dem die Kräfte des Denkens weiterentwickelt und mit dem geistigen Eigenwesen verbunden werden können. Denn seit dem Jahre 1879 will Michael im Inneren der menschlichen Seele sein kosmisches Amt fortsetzen. Er erscheint im inneren Licht des Gedankens als der geistige Lehrer und Berater des freien Menschen.[45]

5.2 Aktivierung des Denkens

In dem Kapitel «Die Erkenntnis der höheren Welten» in der «Geheimwissenschaft» steht das «Studium der Geisteswissenschaft» an erster Stelle eines siebenstufigen Einweihungsweges. Wesentlich ist, daß man sich auf dieser ersten Stufe «zunächst der Urteilskraft bedient, welche man in der physisch-sinnlichen Welt gewonnen hat» (GW, S. 393). Um die Begriffs- und Verständnisfähigkeit des Lesers zu schulen, hat Rudolf Steiner immer «bewußt angestrebt, nicht eine ‹populäre› Darstellung zu geben, sondern eine solche, die notwendig macht, mit rechter Gedankenanstrengung in den Inhalt hineinzukommen» (GW, S. 28f.).

Man bemerkt recht schnell, wenn man sich auf den Weg des Studiums der Anthroposophie begibt, daß die Inhalte, die dargestellt werden, für das heutige Denken alles andere als selbstverständlich sind. Es ist für die meisten Menschen heute ungewohnt, sich mit Dingen zu beschäftigen, die man nicht sehen, hören oder tasten kann, denn worauf soll sich das Denken dann stützen?

Das ist nun der entscheidende Punkt, denn das Denken soll lernen, sich auf sich selbst zu stützen! Die Aktivierung des Denkens hat zum Ziel, daß das Denken so kräftig und selbstbewußt wird, daß es sich nicht mehr auf etwas außer ihm Liegendes in der Sinneswelt abzustützen braucht.

Von Natur aus sind jedoch diese Kraft und dieses Selbstbewußtsein im Denken nicht vorhanden. Indem man sich darin übt, die übersinnlichen Inhalte anthroposophischer Darstellungen gedanklich präzise zu durchdringen, steigert sich die Denkkraft. Man wendet sein Denken auf Zusammenhänge an, die einer anderen Wirklichkeitsebene angehören als der sinnlich Wahrnehmbaren. Der Vorgang ist dabei ähnlich wie die Stärkung eines Muskels durch häufigen Gebrauch. In dem Maße, wie es gelingt, die Inhalte der Geisteswissenschaft gedanklich zu verstehen und vor sich zu sehen, das heißt, sich diese Inhalte im inneren Bild zu erbauen, wächst die Kraft, durch die sich der Gedanke selbst halten kann. Das eigene, zuvor ausschließlich an die Sinneswelt gebundene Denken stößt in ein ihm davor völlig unbekanntes Gebiet vor. Dieses Gebiet ist das geistige Weltall, wo Gedanken Wirklichkeiten sind.

Es kommt also darauf an, anthroposophische Darstellungen nicht einfach als Wahrheit – oder Unwahrheit – hinzunehmen oder abzulehnen: dann nämlich steht man zu ihnen in keinem anderen Verhältnis als zu Dingen der Sinneswelt, die immer außerhalb des Denkenden bleiben. Es geht darum, die Inhalte aktiv zu durchdenken, sich mit ihnen innerlich zu verbinden und sie dadurch zu prüfen. Das Urteilsvermögen wird so allmählich dazu herangebildet, auch für geistige Tatsachen ausschlaggebend zu sein. Es entsteht die Fähigkeit, in Gedanken leben zu können.

Dabei kommt es auf die Kraft, auf die Willensanstrengung an, durch die man fähig wird, sich in den Gedanken zu halten; in dieser gebündelten Kraft lebt keimhaft das höhere Ich, das einem auf diesem Wege bewußt wird. Das Ich ist hier reine Tätigkeit. Fichte nannte diese Erfahrung, die zur Ich-Erweckung führt, die «Tat-Handlung». Es handelt sich hierbei um ein punktartiges beziehungsweise linienartiges Ich-Erlebnis, das im denkenden Vollziehen reiner Ideen auftritt.

5.3 Die Vertiefung des anthroposophischen Studiums im Fühlen

Kennzeichnend für die Stufe der Gedankenschulung durch das anthroposophische Studium ist aber auch, daß man spüren kann: Ich bleibe mit meinen Gedanken bei mir, oder, anders ausgedrückt: ich bleibe, bei allem, worüber ich nachdenke, doch letztlich immer in meinen Gedanken, ich habe es geschafft, alles in meine Gedanken aufzulösen; aber ich rücke nicht vollständig bis in die Dinge und Wesen vor, über die ich denke.

So wird die Sehnsucht, diese Isolation zu überwinden, zum Motiv für die Vertiefung des Studiums im Fühlen. Es geht nun darum, die Gedanken, die man denkt, auch zu fühlen, das heißt, in innerer Hingabe in ihnen zu leben, sich mit ihnen zu verbinden.

Dies tun zu können ist nicht selbstverständlich. Das Fühlen ist bei den meisten Menschen von Natur aus nicht mit den übersinnlichen Tatsachen und Wesen der Geisteswissenschaft beschäftigt, sondern im Fühlen kreist der Mensch zunächst hauptsächlich um sich selbst. Es gilt also einen Übergang zu schaffen von diesem letztlich subjektiven Gefühlsleben hin zu einem gereinigten Fühlen, mit dem ich den Inhalt meiner Gedanken, aber auch mich umgebende Menschen, Natureindrücke und so weiter fühlen kann. Diese Erziehung hin zu einem gereinigten Fühlen – das dann auch nicht mehr im Widerspruch steht zum Denken – kann anhand des vertieften Studiums der Anthroposophie erfolgen. Es entsteht eine Verbindung zwischen dem Denken und den Hingabekräften des Herzens.

Studiert man zum Beispiel die geisteswissenschaftliche Kosmologie im Zusammenhang mit den geistigen Hierarchien, so stellt sich allmählich eine qualitative Veränderung ein. Man wird sie zuerst vielleicht ganz zart, später dann aber kräftiger und eindeutiger bemerken können. Die selbständig erarbeiteten Zusammenhänge beginnen bildhaft und wesenhaft zu werden. Man bemerkt, daß die Begriffe nur die äußere Form für Imaginationen, Inspirationen und Intuitionen sind. Durch das fühlende Erkennen wird es möglich, eine direkte innere Verbindung zu den hinter den Gedanken erscheinenden Imaginationen herzustellen. Mit diesen verbindet man sich. Man lernt, mit den schauend gewordenen Gedanken in diesem wesenhaften Kosmos mitzuleben. Es wird, ausgehend von dieser sich entwickelnden Fähigkeit, möglich, ganz individuelle Beziehungen zu bestimmten geistigen Wesen aufzunehmen und mit ihnen zu leben.

Um eine dauerhafte Verbindung zwischen den eigenen Herzenskräften und den kosmischen Imaginationen herzustellen, ist es notwendig, dies gezielt zu schulen, das heißt, man baut, ausgehend von den eigenen Gedanken, selbständig Bilder auf – vom alten Saturn, der alten Sonne, von den Wesen und ihren jeweiligen Tätigkeiten. Hier ist auch ein Übergang zur Meditation, das heißt, es steht einem frei, ob man diese Bilder auch meditieren will.

Für die Verbindung des Denkens mit den Herzenskräften und für die dadurch entstehende Möglichkeit der Verbindung zwischen Gedanke und Imagination ist die heutige Tätigkeit Michaels besonders wichtig. Er bahnt den Gedanken die Wege zum Herzen des Menschen. Die Herzgedanken sind der Schlüssel zu den kosmischen Imaginationen[46]: «Wenn der Mensch in sich die Ideen zu erleben wieder fähig wird, auch dann, wenn er sich mit ihnen nicht an die Sinneswelt anlehnt, dann wird dem Blick in den außerirdischen Kosmos wieder Helligkeit entgegenströmen. Das aber heißt Michael in seinem Reiche erkennen.»

Dadurch aber beginnt zugleich eine Beziehung zu der Wesenheit des Christus, wie sie heute in der ätherischen Welt lebt. Anthroposophie wird, wenn Kopf und Herz verbunden sind, als Sprache erlebt, und diese Sprache nennt Rudolf Steiner die «Christussprache». Dem Christus kann man Fragen stellen, sagt Rudolf Steiner an anderer Stelle, und er wird antworten. Die Voraussetzung ist, daß wir die Christussprache zu sprechen vermögen. Wir sollen «lernen, durch die Geisteswissenschaft innerlich in Gedanken mit der geistigen Welt zu sprechen», denn «das ist viel wichtiger, als daß wir uns theoretische Gedanken aneignen. Denn der Christus ist bei uns bis ans Ende der Erdenzeiten. Seine Sprache sollen wir lernen. Und durch die Sprache … durch die wir von Saturn, Sonne, Mond und Erde hören, durch diese sogenannte Lehre lehren wir uns selbst eine Sprache, in die wir die Fragen gießen können, die wir stellen an die geistige Welt … Warum befassen wir uns mit der Geisteswissenschaft? Es ist, wie wenn wir das Vokabularium derjenigen Sprache lernen sollen, durch die wir an den Christus herankommen.»[47]

Oben war davon die Rede, daß im reinen Denken ein, im Vergleich gesprochen, punktartiges Ich-Erlebnis entsteht. Das Ich erlebt sich als

Tätigkeit oder wie ein Kraftzentrum, aber bildlos. Durch die Vertiefung des Studiums im Fühlen, wodurch die Inhalte der Geisteswissenschaft tiefer mit dem eigenen Wesen verbunden werden, kann nun im imaginativen Erleben der geistigen Wesen und des geistigen Kosmos etwas auftreten, was ein Umkreiserlebnis des eigenen Ich ist. Man merkt, wie in den geistigen Wesen das eigene höhere Ich mitlebt. Man begegnet also sich selbst, weil in der kosmischen Entwicklung und in den geistigen Wesen, die diese Entwicklung bewirken, das eigene höhere Ich ausgebreitet ist.

An dieser Stelle ist für die Individualisierungsbemühung im Erkenntnisbereich ein Durchbruch erreicht. Ich habe durch meine willentliche Gedankenanstrengung den Punkt gefunden, wo sich das Ich im reinen Denken selbst erzeugt und erlebt. Dann habe ich im zweiten Schritt staunend begonnen zu begreifen, und zwar, indem ich in mein gedankliches Studium der Anthroposophie das verwandelte Fühlen miteinbezogen habe, wie dieses Ich ausgedehnt in alles, was Rudolf Steiner als die Entwicklung unserer Erde durch die Arbeit der Hierarchien beschreibt, lebt.

Die Wesen, die sich dem Menschen auf dieser Stufe des Studiums zeigen, sind also, wie aus dem vorherigen hervorgeht, nichts Fremdes, sie sind nicht ein Gegenüberstehendes, das unabhängig von mir selbst erscheint. Vielmehr wird die Erfahrung dann richtig verstanden, wenn man begreift: Der, der da in der Sprache der Anthroposophie zu dir spricht, das bist du selbst, dein eigenes höheres Wesen. Indem das immer klarer wird, erfüllt sich der Gedanke der Individualisierung der Anthroposophie erst vollständig. Anthroposophie ist die «Weisheit vom Menschen»; jeder einzelne Mensch kann sie dadurch finden, daß er seinem individuellen übersinnlichen Menschen begegnet und mit ihm ins Gespräch tritt.

Damit ist die christologische Dimension des Herzdenkens[48] charakterisiert, von der bereits im Zusammenhang der Himmelfahrt die Rede war. «Daß wir über den Kosmos die Christus-Sprache zu pflegen verstehen, dazu werden wir kommen, wenn wir uns in innerlichem herzlichen Erfühlen ganz in das einleben, was Michael und die Seinen mit ihren Taten, mit ihrer Mission unter uns sind. Denn Michael verstehen, heißt heute den Weg finden zu dem Logos, den Christus unter Menschen auf der Erde lebt.»[49]

5.4 Die Verankerung des anthroposophischen Studiums im Willen und der Gral

Wenn man in der angegebenen Weise das Studium im Bereich des Denkens und Fühlens vertieft hat, ist es noch ein weiter Weg bis zu dessen Verankerung im menschlichen Wollen. Die Arbeit am eigenen Willen ist in der heutigen Zeit das wichtigste und zugleich schwierigste Aufgabengebiet des Menschen. Denn hier stellen sich demjenigen, der versucht, seinen Idealen gemäß zu leben, alle nur möglichen inneren Schwächen und Widerstände in den Weg. Er bemerkt eigentlich erst jetzt, wie groß die Diskrepanz zwischen seinen Vorsätzen und seiner tatsächlichen Fähigkeit, sich entsprechend zu verhalten, ist. Deshalb wird die Auseinandersetzung mit dem eigenen Willen auf dem Weg des Studiums zur entscheidenden geistigen Prüfungssituation.

In seinem Vortrag über die «Ätherisation des Blutes» am 1. Oktober 1911[50] kommt Rudolf Steiner auf dieses Dilemma zu sprechen. Er unterscheidet den intellektuellen Pol des Menschen auf der einen Seite und seinen Willenspol auf der anderen. Dann schildert er, wie für den Hellseher fortwährend Ätherströmungen im Menschen sichtbar sind, die vom Bereich des Herzens zum Kopf hinaufströmen. «Diese Strömungen entstehen dadurch, daß das menschliche Blut, das eine physische Substanz, ein Stoff ist, sich fortwährend auflöst in ätherische Substanz, so daß in der Gegend des Herzens ein fortwährender Übergang des Blutes in feine ätherische Substanz stattfindet, und diese strömt nach dem Kopfe herauf und umspielt glimmernd die Zirbeldrüse. Dieser Vorgang, das Ätherischwerden des Blutes, zeigt sich immerwährend am wachenden Menschen.»[51] Dieser Ätherstrom ist Rudolf Steiner zufolge der Träger des Denkens.

Beim schlafenden Menschen wird nun für den Hellseher nicht nur die vom Herzen zum Kopf aufwärts gehende Strömung sichtbar, sondern auch eine zweite, vom Makrokosmos rückwärts zum Herzen hin gerichtete Gegenströmung. Dieser Strom ist der Träger der moralischen Kräfte des Menschen. Der mikrokosmische Gedankenstrom und der moralische Strom aus dem Makrokosmos begegnen sich besonders in den Momenten des Einschlafens und Aufwachens. Wenn die Gedanken des

Menschen und seine moralischen Grundhaltungen nicht in Einklang miteinander sind, finden im Bereich des Kopfes, wo diese beiden Strömungen sich begegnen, starke Kämpfe statt. In diesen Kämpfen kommt der innere Zwiespalt des Menschen zwischen seinen Idealen und seiner tatsächlichen moralischen Grundhaltung zum Ausdruck.

Ohne das Eintreten des Mysteriums von Golgatha in der Menschheitsentwicklung hätte der Widerspruch zwischen Denken und Wollen bei allen Menschen immer mehr zugenommen. Wie wir in den vorigen Kapiteln gesehen haben, gehen aber von der Christuswesenheit die Kräfte aus, deren der Mensch zur Harmonisierung der beiden Ströme bedarf. Im obengenannten Vortrag beschreibt Rudolf Steiner, wie das Blut der Christuswesenheit, das während des Mysteriums von Golgatha aus deren Wunden herausgeflossen ist, in die Erdensubstanz eingeströmt ist. Seitdem lebt in dem Ätherleib der Erde das ätherisierte Blut des Christus. «Der Ätherleib der Erde ist durchsetzt von dem, was aus dem Blute geworden ist, das auf Golgatha geflossen ist.»[52] Dieser makrokosmische Blutstrom der Christuswesenheit strömt seitdem zusammen mit dem ätherisierten Blutstrom des Menschen, der Träger seines Denkens ist.

Allerdings kann eine echte Verbindung dieser beiden Strömungen nur dadurch zustande kommen, daß der Mensch dem Christusimpuls das richtige Verständnis entgegenbringt. Dann wird dieses Verständnis zu einer seelisch-geistigen Schale, durch die der Mensch den makrokosmischen Blutstrom der Christuswesenheit in seinem mikrokosmischen Blutstrom erleben kann.

Auf diese Weise kann der Mensch schon im Tagesbewußtsein lernen, eine Übereinstimmung zwischen dem moralischen Strom und seinem Denken herzustellen: «Dasjenige, was durch diesen Fortschritt der Menschheit bewirkt wird, ist, daß die zwei Pole, die ich vorhin erwähnt habe, der intellektuelle und der moralische Pol, immer mehr eins werden, zu einer Einheit verschmelzen. Das werden sie dadurch, daß die Menschen immer mehr lernen werden im Verlaufe der nächsten Jahrtausende, den ätherischen Christus in der Welt zu betrachten. Sie werden immer mehr durchdrungen werden auch bei Tag von der direkten Wirkung des Guten in den geistigen Welten. Während jetzt der Wille bei Tag schläft und der Mensch im Grunde genommen nur indirekt durch Vorstellung wirken kann, wird es im Verlauf der nächsten Jahrtausende immer mehr geschehen, daß durch dasjenige, was von unseren Tagen an hereinwirkt und dem der Christus vorsteht, des Menschen Wirken auch im Tageszustand direkt verbessert werden kann.»[53]

So wird der innere Zwiespalt durch das Wirken des Christusblutes im menschlichen Blutstrom aufgehoben. Statt dessen entsteht durch die beginnende Übereinstimmung von Ideal und Wille im Menschen ein tieferes Bewußtsein seines wahren Ich, das sich in dieser Verbindung offenbaren kann.

Die Bedeutung der Sinneswelt und des den einzelnen Menschen umgebenden Menschenumkreises verändert sich auf dieser Stufe grundlegend, weil der Mensch zu erleben beginnt, wie seine gesamte Umgebung, die anderen Menschen und alle Sinneserscheinungen geistig untrennbar zu ihm gehören und mit seinem eigenen Schicksal verwoben sind.[54] Damit findet die «Warte-Aufgabe», die der aristotelischen Wahrnehmungserkenntnis in bezug auf die europäisch-westliche Entwicklung zukam[55], ihren Abschluß. Diese Erkenntnisart wird in neuer Form wirksam, wo Menschen in ihrem Willen für das Geistige in ihrer menschlichen und natürlichen Umgebung erwachen. Die Kraft, die da im Willen erwacht, ist die Liebe. In dieser Kraft findet der menschliche Wille erst seinen sicheren und wahren Grund. Es ist dies das Feld, auf dem, heute beginnend, Ahriman einst überwunden werden wird.

So erweist sich die durch Rudolf Steiner erneuerte Sternenweisheit zugleich als eine erneuerte Form der Gralswirksamkeit, denn die Gedanken und Imaginationen, die der Mensch durch die Vertiefung des Studiums der Anthroposophie im Denken und Fühlen innerlich aufbaut, sind selbst das Gefäß, das es ihm ermöglicht, sein wahres Ich und damit verbunden die Christuswesenheit in seine Seele aufzunehmen. Rudolf Steiner selbst hat diese Gralsimagination als den Grundstein in das Zentrum der Weihnachtstagung 1923/24 gestellt.

DER WEG VON DER «GEHEIMWISSENSCHAFT IM UMRISS» ZUR GRUNDSTEINLEGUNG 1923/24

Der Weg des Studiums in seinen drei Schritten, wie ihn jeder einzelne heute gehen kann, korrespondiert mit der Entwicklung der Anthroposophie als ganzer. Es soll diese Entwicklung unter dem Gesichtspunkt der weiteren Ausgestaltungen, welche die Sternenweisheit der «Geheimwissenschaft im Umriß» im Leben Rudolf Steiners erfahren hat, nun abschließend beleuchtet werden.[56] Der Bau des ersten Goetheanum und die geistige Architektonik des Grundsteins sind weitere Formen, welche Rudolf Steiner der Sternenweisheit gegeben hat. Die Verbindung von Mikrokosmos und Makrokosmos, von Menschen-Ich und Welten-Ich zeigt sich auch in ihnen. Durch diese Gestaltungen der Anthroposophie tritt in gesteigerter Form in Erscheinung, was in den Ideen der «Geheimwissenschaft» angelegt ist.

Im Vortrag vom 13. Januar 1924 schildert Rudolf Steiner Hintergründe seines geistigen Forschens: «Studieren Sie heute, indem Sie von dem hier gemeinten rosenkreuzerischen Initiationsprinzip berührt worden sind, den Haeckelismus mit all seinem Materialismus, studieren Sie ihn und lassen Sie sich durchdringen von dem, was Erkenntnismethoden sind nach ‹Wie erlangt man Erkenntnisse der höheren Welten?›: Was Sie in Haeckels ‹Anthropogenie› über die menschlichen Vorfahren in einer Sie vielleicht abstoßenden Weise lernen, lernen Sie es in dieser abstoßenden Weise, lernen Sie alles dasjenige darüber, was man durch äußere Naturwissenschaft lernen kann und tragen Sie das dann den Göttern entgegen, und Sie bekommen dasjenige, was in meinem Buche ‹Geheimwissenschaft› über die Evolution erzählt ist.»[57]

Das Wissen, das man sich heute durch die Naturwissenschaft aneignen kann, ist also wie ein Keim, der, richtig behandelt, geistige Erkenntnis ermöglicht. Zunächst müssen die Ergebnisse der naturwissenschaftlichen Forschung konsequent durchdacht und in die Form einer klaren Begrifflichkeit gebracht werden. Dann müssen sie in der Meditation bearbeitet und den Wesen der geistigen Welt «entgegengetragen werden»: «Dazu muß man sich heute vorbereiten, dazu muß man sich heute reif machen, ... daß man im Astrallicht lesen kann, was darinnen steht. Dann wirkt inspirierend gerade dasjenige, was man aus dem Wärmeäther heraus bekommt. Und dann wirkt das, was man aus dem Wärmeäther bekommt, dadurch, daß einem die Götter entgegenkommen und einem in der Realität entgegentragen, was man sich hier auf der Erde erarbeitet hat.»[58]

Das Astrallicht, zu dem die Resultate der naturwissenschaftlichen Forschung hingetragen werden sollen, ist eine mit der Erde und ihrer Evolution verbundene übersinnliche Region, in welche die Eingeweihten der früheren Zeiten die Weltgeheimnisse hineingeschrieben haben. Diese Region ist durch das Werk Rudolf Steiners für das menschliche Denken erreichbar geworden. Sie «ist ... dasjenige, was wir lesen müssen, wenn wir wiederum auf die Geheimnisse kommen wollen. Es ist eine Art von Evolutionsgedächtnis, das da auftreten muß in der Menschheit. Und es muß allmählich ein Bewußtsein davon entstehen, daß ein solches Evolutionsgedächtnis da ist, daß eigentlich heute die Menschheit in bezug auf ihre früheren Kulturepochen im Astrallichte so lesen muß, wie wir im späteren Alter in unserer Jugend lesen durch unser gewöhnliches Gedächtnis.»[59]

Rudolf Steiner trug die Ergebnisse der zeitgenössischen Wissenschaft, mit denen er sich intensiv befaßt und die er in die Form des reinen Denkens gebracht hatte, als Eingeweihter zu den Göttern in den Kosmos. Durch die Vermittlung des Astrallichtes traten ihm die geistigen Wesen entgegen, welche die Ideen der zeitgenössischen Wissenschaft in Göttersprache, in Sternenweisheit verwandelten. Von ihnen nahm Rudolf Steiner im Laufe der Zeit die Welten-Sternenweisheit entgegen und goß sie wiederum in begriffliche Formen, die auf die Imaginationen sorgfältig hingeordnet sind. Es entstand daraus die Darstellung der Evolution der Erde in der «Geheimwissenschaft im Umriß».

Es liegt im Wesen wissenschaftlicher Darstellungen, daß sie sich zunächst vor allem an die individuelle Verständnisbemühung richten.

Demgegenüber beinhaltete der Bau des ersten Goetheanum von Anfang an auch eine soziale Dimension. Am 20. September 1913 fand die Grundsteinlegung des ersten Goetheanum in Dornach statt. Der Bau, der von nun an durch die hingebungsvolle Arbeit vieler Menschen entstand, ist aus derselben Quelle heraus gestaltet wie die «Geheimwissenschaft». Aber die äußere Gestalt ist nun die der Architektur und der Kunst.

Wenn man den Saal betrat, so war man umgeben von der architektonischen, plastischen und malerischen Ausgestaltung der Bildekräfte der Evolution der Erde: Die Säulenkapitelle im großen Kuppelraum folgten den Impulsen der Evolution vom alten Saturn bis zur Venus. In der Kuppel selbst waren die Geheimnisse der Schöpfung in der Deckenmalerei anwesend. In der Malerei der kleinen Kuppel zeigten sich Grundimpulse der sieben nachatlantischen Kulturepochen. Im Osten des Baues sollte die plastische Gruppe stehen, in welcher der Menschheitsrepräsentant, das Gleichgewicht zwischen den Kräften Luzifers und Ahrimans herstellend, dargestellt ist. Der imaginative Inhalt der Gedanken der «Geheimwissenschaft» war in diesem Bau zum sprechenden, ätherisch gestalteten Wort, dem man in äußerlich sichtbarer Weise begegnen konnte, geworden.

«Lebendiges, ätherisches Götterwort, das sich in physischen Formen offenbart, das in unserer Zeit durch sein erwachendes höheres Ich zum Menschen sprechen will – das war das erste Goetheanum. Es war die Verkörperung der Anthroposophie selbst, ein wahres Haus des Wortes, in dem jeder Mensch sein eigenes Wesen gleichsam in seinem himmlischen Urbild erleben konnte.»[60] Im Sinne dieser Worte von Sergej Prokofieff hat auch F. W. Zeylmans van Emmichoven das Goetheanum eine «Offenbarung des Weltenwortes» genannt.[61]

1910 hatte Rudolf Steiner erstmalig die Anthroposophie als ganze umrißhaft in Ideenform dargestellt. Im Goetheanum verkörperte sie sich durch die von Rudolf Steiner geleitete Gemeinschaftsarbeit der an dem Bau beteiligten Menschen in äußerer Farbe und Form. Ihre innere Einheit offenbarte sich in der Form dieses «geistigen Hauses». Dadurch trat etwas in die Sichtbarkeit, was zum Menschen in einem solchen Verhältnis stand wie sein eigenes höheres Ich.

Als das erste Goetheanum in der tragischen Silvesternacht des Jahres 1922 ein Opfer der Flammen wurde, stieg die Sternenweisheit, die in den

Formen des Goetheanum eine leibliche Hülle gefunden hatte, wiederum in den Weltenäther, in den geistigen Kosmos auf. Der äußere Bau war zerstört, aber sein inneres Leben, sein geistiges Gefüge, blieb bestehen.

In diesem Sinne sagte Rudolf Steiner am 22. April 1924 in Dornach: «Nunmehr verstehen wir es, daß wir nicht bloß eine Erdensache vertreten dürfen, sondern eine Sache der weiten ätherischen Welt, in der der Geist lebt. Denn es ist die Sache vom Goetheanum eine Sache des weiten Äthers, in dem geisterfüllte Weisheit der Welt lebt. Es ist hinausgetragen worden, und wir dürfen uns von den Goetheanum-Impulsen als aus dem Kosmos hereinkommend durchdringen.»[62] Diese Worte Rudolf Steiners, die nach der Weihnachtstagung gesprochen wurden, zeigen, worauf es ihm nun ankam. Der geistige Bau der Anthroposophie sollte nun rein übersinnlich erlebt und angeschaut werden. Er machte auf die Möglichkeit aufmerksam, sich auf dem Einweihungsweg konkret mit dem übersinnlichen Wesen der Anthroposophie, mit dem Weltenmenschen geistig zu verbinden. Man kann anhand dessen ahnen, worin die Grundsteinlegung, die gewaltige dritte Metamorphose auf dem Wege der Erneuerung der Sternenweisheit, bestand.

Rudolf Steiner hat während der Vorträge, die er zum Jahreswechsel 1923/24 auf der Weihnachtstagung hielt, auf die Parallele hingewiesen, die zwischen dem Brand der Mysterienstätte von Ephesus und dem Brand des Goetheanum besteht. Seiner Darstellung zufolge besiegelte der Brand von Ephesus 329 v. Chr. den Abschluß der seit Urzeiten durch die alten Mysterien geleiteten Epochen der Menschheitsgeschichte. Das Mysterienelement zog sich, um Raum zu geben für den Individualisierungsimpuls, vorläufig aus dem geschichtlichen Leben zurück. Der im ersten Kapitel beschriebene historische Verzicht auf die Sternenweisheit steht in diesem Zusammenhang.

Der Brand des Goetheanum hingegen markiert das Ende der mysterienlosen Zeit, die seit dem Brande von Ephesus zur Ermöglichung der menschlichen Freiheit bestanden hatte. Rudolf Steiner zufolge wurde dieses Brandgeschehen zum Ausgangspunkt einer Epoche neuer Mysterien in der Menschheitsgeschichte, deren wichtigstes Kennzeichen darin besteht, daß sie auf dem Fundament der individuellen menschlichen Freiheit aufbaut und jeden Menschen zu dem bewußten Zusammenleben mit dem mit der Erde verbunden Welten-Ich des Christus führt.

Dieser im Zeichen des Feuers geschehene Neubeginn kann aber nur verwirklicht werden, wenn gelernt wird, ohne äußere Stütze auf dem Einweihungsweg der Seele in eine unmittelbare Beziehung zum geistigen Weltenmenschen zu treten. Dazu rief Rudolf Steiner die Menschen auf der Weihnachtstagung auf: «Aber in dieser Erinnerung muß leben die Tatsache, daß Physisches Maja ist, daß wir die Wahrheit aus den Feuerflammen in dem geistigen Feuer zu suchen haben, das wir nunmehr anzufachen haben in unseren Herzen, in unseren Seelen. Aufgehen sollte uns in dem physisch brennenden Goetheanum das geistig wirksame Goetheanum.»[63]

Dieses geistig wirksame Goetheanum wurde anhand der mantrischen Gestalt des Grundsteins in den Mittelpunkt der Weihnachtstagung 1923/24 gestellt und im Verlaufe der Tagung in Gestalt von sieben großen Rhythmen vergegenwärtigt. Anhand dieser Rhythmen wird der Einweihungsweg der Anthroposophie als organisierte Ganzheit erlebbar. Es ist, wie wenn der Geist des Goetheanum sich in diesem Einweihungsweg einen neuen Leib gebildet hätte.

In diesem Sinne schreibt F.W. Zeylmans van Emmichoven: «Der Grundstein, der 1923 in die Herzen der Menschen gelegt wurde, war das verwandelte Goetheanum selber. Denn die Bilder, emporgetragen durch die Flammen und im Feuer umgewandelt, kamen aus geistigen Höhen im Grundstein-Spruch erklingend zurück, *inspirativ* erlebbar.»[64]

Im Grundsteinspruch wird die Durchdringung von Denken, Fühlen und Wollen mit ihren makrokosmischen Urbildern erlebbar. Dadurch lernt der Mensch «wahrhaft zu denken», «wahrhaft zu fühlen» und «wahrhaft zu leben». Rudolf Steiner beschreibt in seiner Ansprache vom 25. Dezember 1923 das Ziel des geistigen Weges der neuen Mysterien: «Und er [der Mensch] wird so, die Dreiheit alles Seins: Weltenliebe, waltend in Menschenliebe; Weltenimagination, waltend in menschlicher Organisationsgestaltung; Weltgedanken, waltend geheimnisvoll untergründig in Menschheitsgedanken; er wird diese Dreigliederung erfassen und sich erkennen als individuell freier Mensch im waltenden Götterwirken des Kosmos, als Weltenmensch, individueller Mensch im Weltenmenschen, wirkend als individueller Mensch im Weltenmenschen für die Weltenzukunft. Er wird aus den Zeichen der Gegenwart heraus erneuern das alte Wort: ‹Erkenne dich selbst!›»[65]

Natürlich hat es den Einweihungsweg der Anthroposophie auch vorher schon gegeben. Aber damit, daß es ein Wesen «gibt», ist noch nicht viel gesagt. Entscheidend für das Verständnis ist immer, welche konkreten Formen ein Wesen in seiner Entwicklung annimmt. Dies gilt auch für den anthroposophischen Einweihungsweg, der auf der Weihnachtstagung in der mantrischen Form des Grundsteins wesenhaft in Erscheinung trat.

Rudolf Steiner hat in der dreifachen Ausformung der Sternenweisheit eine geistige Brücke zwischen der mikrokosmischen Welt des physisch verkörperten Menschen und seinem in den Sternenweiten des Weltalls lebenden geistigen Wesen gebaut.

Die «Geheimwissenschaft im Umriß» war auf diesem Wege ein erster Schritt. Mit dem ersten Goetheanum hat Rudolf Steiner die Sternengesetze, die in der «Geheimwissenschaft» bis zur Gedankenform vorgedrungen waren, in einem zweiten Schritt hineinverdichtet in einen physisch sichtbaren, künstlerisch durchgeformten Bau. Seit dem Brand lebt in der Ätherumgebung der Erde als rein geistige Kraftgestalt, was im Goetheanum physisch sichtbar gewesen war. Im Zentrum der Weihnachtstagung stand die Grundsteinmeditation, der mantrische Ausdruck des in der ätherischen Welt anwesenden Tempels der neuen Mysterien. Damit war die geistige Brücke, die Menschendenken und Götterdenken, Mikrokosmos und Makrokosmos verbinden sollte, endgültig in der modernen Zivilisation verankert.

Heute kann jeder Mensch in sich selbst die Quellen der zu Beginn 20. Jahrhunderts öffentlich begründeten neuen Mysterien finden. Was damals begründet wurde, ist im 21. Jahrhundert geistig gegenwärtig und wartet auf seine weitere Enthüllung und individuelle Verwirklichung.

Anmerkungen

1 Rudolf Steiner, «Mysteriengestaltungen», GA 232, Dornach 1987, Vortrag vom 14.12.1923.
2 Rudolf Steiner, «Anthroposophische Leitsätze», GA 26, Dornach 1982, Brief vom 26.10.1924.
3 Rudolf Steiner, «Esoterische Betrachtungen karmischer Zusammenhänge», GA 240, Dornach 1986, Vortrag vom 18.7.1924.
4 Ebd.
5 Ebd.
6 Siehe Rudolf Steiner, «Esoterische Betrachtungen karmischer Zusammenhänge», GA 237, Dornach 1971, Vortrag vom 28.7.1924.
7 Rudolf Steiner, «Mysteriengestaltungen», Vortrag vom 15.12.1923.
8 Rudolf Steiner, «Esoterische Betrachtungen karmischer Zusammenhänge», GA 238, Dornach 1981, Vortrag vom 18.9.1924.
9 Ebd.
10 Siehe auch W. J. Stein, «Weltgeschichte im Lichte des Heiligen Gral», Stuttgart 1986, S. 181f.
11 Rudolf Steiner, «Mysterienstätten des Mittelalters», GA 233a, Dornach 1980, Vortrag vom 6.1.1924.
12 Ebd.
13 Ebd.
14 Rudolf Steiner, «Anthroposophische Leitsätze», S. 148, Leitsatz 132.
15 Rudolf Steiner, «Die Geheimwissenschaft im Umriß», GA 13, Dornach 1989, S. 26 (zit. GW und Seitenzahl).
16 Alle Hervorhebungen in Zitaten Rudolf Steiners stammen, wenn nicht anders gekennzeichnet, von den Verfassern.
17 Christian Morgenstern, Werke und Briefe, Bd. 5, Stuttgart 1987, S. 313.
18 Dieses Zusammenwirken von Archai und Archangeloi wird bei Sergej O. Prokofieff in seinem Buch «Die himmlische Sophia und das Wesen Anthroposophie», Dornach 1995, in dem Kapitel «Die Geburt der himmlischen Sophia» genauer betrachtet.
19 Rudolf Steiner, «Die Evolution vom Gesichtspunkt des Wahrhaftigen», GA 132, Vortrag vom 7.11.1911.

20 Dumpf ist das Mondenbewußtsein insofern, als es einer Art Traumbewußtsein entspricht. Es ist jedoch wacher als das noch dumpfere Sonnenbewußtsein.

21 Rudolf Steiner, «Der Christus-Impuls und die Entwicklung des Ich-Bewußtseins», GA 116, Dornach 1982, Vortrag vom 25.10.1909.

22 Rudolf Steiner, «Makrokosmos und Mikrokosmos», GA 119, Dornach 1988, Vortrag vom 28.3.1910.

23 z.B. GA 116, s.o.

24 Rudolf Steiner, «Theosophie», GA 9, Dornach 1962 Tb, Kap. «Der Geist im Geisterland nach dem Tode». Der «Lebenskern des Menschen, von dem in dem vorigen Zitat die Rede ist, besteht nach Rudolf Steiner aus den Bestandteilen des Lebensgeistes und des Geistesmenschen («Theosophie», S. 100).

25 Rudolf Steiner, GA 119, Vortrag vom 27.3.1910.

26 Siehe Rudolf Steiner, GA 116, Dornach 1988, Vortrag vom 25.10.1909.

27 Siehe auch Rudolf Steiner, GA 265, «Zur Geschichte und aus den Inhalten der erkenntniskultischen Abteilung der Esoterischen Schule von 1904 bis 1914», Dornach 1987, S. 250ff.

28 Grundlegende Darstellungen der in diesem Kapitel behandelten Urbilderwelt bzw. Welt der Vorsehung findet man im 3. Kapitel des Buches «Apokalypse» von Emil Bock (E. Bock, «Apokalypse», Stuttgart 1951, S. 61ff.) sowie im 5. Kapitel des Buches «Rudolf Steiner und die Grundlegung der neuen Mysterien» von S.O. Prokofieff.

29 Rudolf Steiner, «Das Johannes-Evangelium», GA 103, Dornach 1985, Vortrag vom 20.5.1908, S. 54ff.

30 1. Moses 3.

31 Wobei der nördliche Strom die Geheimnisse der äußeren Natur bewahrte und der südliche diejenigen des menschlichen Inneren.

32 Matthäus 17.

33 Siehe Rudolf Steiner, «Das Johannes-Evangelium im Verhältnis zu den drei anderen Evangelien, GA 112, Dornach 1984, Vortrag vom 6.7.1909; sowie ders., «Aus der Akasha-Forschung. Das Fünfte Evangelium», GA 148, Dornach 1985, Vortrag vom 3.10.1913.

34 Apostelgeschichte 1, 1–12.

35 Ebd., Vortrag vom 27.3.1910.

36 Ebd., Vorträge vom 28.3.1910 und 29.3.1910.

37 Ebd., Vortrag vom 30.3.1910.

38 Ebd., Vortrag vom 26.3.1910.

39 Siehe hierzu den Schluß des Kapitels «Zur Erkenntnis der höheren Welten» in der «Geheimwissenschaft im Umriß».

40 Christian Morgenstern, «Wir fanden einen Pfad», München 1940, S. 48.

41 Vgl. Rudolf Steiner, GA 265, S. 250ff.

42 Rudolf Steiner, GA 112, Vortrag vom 30.6.1909.

43 Rudolf Steiner, GA 232, Vortrag vom 30.11.1924.

44 Siehe Kapitel 1.

45 Rudolf Steiner, GA 26, Aufsatz «Im Anbruch des Michael-Zeitalters».

46 Ebd., Aufsatz «Der Mensch in seiner makrokosmischen Wesenheit».
47 Rudolf Steiner, «Bausteine zu einer Erkenntnis des Mysteriums von Golgatha», Dornach 1982, GA 175, Vortrag vom 6.2.1917.
48 Siehe Kapitel 4.6.
49 Rudolf Steiner, GA 26, Aufsatz «Menschheitszukunft und Michaeltätigkeit».
50 Rudolf Steiner, «Das esoterische Christentum und die geistige Führung der Menschheit», GA 130, Dornach 1987, Vortrag vom 1.10.1911.
51 Ebd.
52 Ebd.
53 Ebd.
54 In dem Zyklus «Die Sendung Michaels» (GA 194) schildert Rudolf Steiner einen Übungsansatz in bezug auf die Sinneswahrnehmung, der zu einer Vertiefung im hier gemeinten Sinne beitragen kann. Es handelt sich um seine Ausführungen zum Lichtseelenprozeß in Verbindung mit dem Erleben von Nachbildern im Vortrag vom 30.11.1919.
55 Siehe Kap. 1.
56 Es sei hier auf S.O. Prokofieffs Buch «Rudolf Steiner und die Grundlegung der neuen Mysterien» verwiesen, in dem diese Metamorphosen in dem Kapitel «Das irdische und das übersinnliche Goetheanum» ausführlich dargestellt werden.
57 Rudolf Steiner, GA 233a, Vortrag vom 13.1.1924.
58 Ebd.
59 Ebd.
60 S.O. Prokofieff, «Grundlegung», S. 157.
61 F.W. Zeylmans van Emmichoven, «Der Grundstein», Stuttgart 1980, S. 14.
62 Ebd.
63 Rudolf Steiner, «Die Weltgeschichte in anthroposophischer Beleuchtung», GA 233, Dornach 1980, Vortrag vom 29.12.1923.
64 F.W. Zeylmans van Emmichoven, «Der Grundstein», S. 86.
65 Rudolf Steiner, GA 260, Dornach 1985, S. 63.

Literatur

Emil Bock, «Apokalypse», Stuttgart 1951.
Rudolf Meyer, «Der Gral und seine Hüter», Stuttgart 1956.
Christian Morgenstern, «Werke und Briefe», Bd. 5, Stuttgart 1987.
Ders., «Wir fanden einen Pfad», München 1946.
Sergej O. Prokofieff, «Die himmlische Sophia und das Wesen Anthroposophie», Dornach 1995.
Ders., «Der Jahreskreislauf als Einweihungsweg zum Erleben der Christus-Wesenheit», Stuttgart 1986.
Ders., «Rudolf Steiner und die Grundlegung der neuen Mysterien», Stuttgart 1982.
Walter Johannes Stein, «Weltgeschichte im Lichte des heiligen Gral», Stuttgart 1986.
Rudolf Steiner, «Die Philosophie der Freiheit», GA 4, Dornach 1981, Tb.
Ders., «Theosophie», GA 9, Dornach 1985, Tb.
Ders., «Die Geheimwissenschaft im Umriß», GA 13, Dornach 1989.
Ders., «Anthroposophische Leitsätze», GA 26, Dornach 1982.
Ders., «Das Johannesevangelium», GA103, Dornach 1985.
Ders., «Das Johannes-Evangelium im Verhältnis zu den drei anderen Evangelien», GA 112, Dornach 1984.
Ders., «Der Orient im Lichte des Okzidents», GA 113, Dornach 1982.
Ders., «Der Christus-Impuls und die Entwickelung des Ich-Bewußtseins», GA 116, Dornach 1982.
Ders., «Makrokosmos und Mikrokosmos», GA 119, Dornach 1988.
Ders., «Das esoterische Christentum und die geistige Führung der Menschheit», GA 130, Dornach 1987.
Ders., «Von Jesus zu Christus», GA 131, Dornach 1982.
Ders., «Die Evolution vom Gesichtspunkt des Wahrhaftigen», GA 132, Dornach 1987.
Ders., «Aus der Akasha-Forschung. Das Fünfte Evangelium», GA 148, Dornach 1985.
Ders., «Inneres Wesen des Menschen und Leben zwischen Tod und neuer Geburt», GA 153, Dornach 1978.

Ders., «Bausteine zu einer Erkenntnis des Mysteriums von Golgatha», GA 175, Dornach 1982.
Ders., «Die Sendung Michaels», GA 194, Dornach 1983.
Ders., «Initiations-Erkenntnis», GA 227, Dornach 1982.
Ders., «Mysteriengestaltungen», GA 232, Dornach 1987.
Ders., «Die Weltgeschichte in anthroposophischer Beleuchtung», GA 233, Dornach 1980.
Ders., «Mysterienstätten des Mittelalters», GA 233a, Dornach 1980.
Ders., «Esoterische Betrachtungen karmischer Zusammenhänge», Band 3, GA 237, Dornach 1982.
Ders., «Esoterische Betrachtungen karmischer Zusammenhänge», Band 4, GA 238, Dornach 1981.
Ders., «Esoterische Betrachtungen karmischer Zusammenhänge», Band 6, GA 240, Dornach 1986.
Ders., «Die Weihnachtstagung zur Begründung der Allgemeinen Anthroposophischen Gesellschaft», GA 260, Dornach 1985.
Ders., «Zur Geschichte und aus den Inhalten der erkenntniskultischen Abteilung der Esoterischen Schule von 1904–1914», GA 265, Dornach 1987.
Ders., «Allgemeine Menschenkunde», GA 296, Dornach 1982, Tb.
F. W. Zeylmans van Emmichoven, «Der Grundstein», Stuttgart 1980.